상위 1%를 만드는

어법 400제

편저 김정호
www.properenglish.co.kr

머리말

이십대에는 두뇌의 이성적 통제영역보다 감정부위가 더 발달해 있다고 나는 들었다. 내 이십대를 돌아본다. 그랬다.

하지만 이십대는 두뇌의 활동 또한 가장 왕성한 시기이다. 그래서 뉴우튼을 비롯한 많은 천재들의 주요 업적은 이십대에 이루어 졌다는 것을 알기 바란다.

두 가지 이야기를 조합하면, 넘쳐나는 감정을 벼르고 단련시켜 왕성한 논리탐구의 에너지로 전환하라는 이야기 이다.

자본주의 사회에서 자유의 폭은 삶의 질을 결정하는 매우 중대한 요소 중의 하나인데 이 자유는 바로 스스로의 노력에 의해서 쟁취되는 것이다.

이것은 증오에 의해서가 아니라 바로 열정과 사랑에 의해서 얻어지는 것이다.
열정과 사랑으로 학문에 임하고 이 학문을 탄생시킨 선배인류들과 그들을 도와준 모든 종의 기원인 이 별을 사랑하자.

이승을 떠나기 전, 얼마나 자유롭게 많은 정신들과 만나고 많은 비경들과 조우할 것인가는 바로 학문을 통해 얻어지는 부수적 열매 즉 경제력에 의해 좌우되며 이는 여러분의 생을 건강하게 지켜주고 여러분의 생을 풍요롭게 해줄 원동력이 되는 것이다.

다른 방법으로 부를 얻어 그것으로 자유의 넓은 영역도 구매할 수 있다. 하지만 먼훗날 돌아보아 조금은 부끄럽지 않으려면 책걸상과 가깝던 시절에 진실되게 진실을 탐구하려고 노력해야 한다는 사실을 심중에 명하게 할 것이다.

달콤한 밀어의 격려를 보내주고도 싶다. 하지만 그러기에는 탐구의 세계는 너무도 엄격하다. 그러나 여러분, 공부와 탐구는 정녕 엄하기만 한 것일까? 여러분이 흘린 땀이 거름이 되어 수확의 그날, 한 아름 안게 될 열매의 맛이 얼마나 향기롭고 충만할지 상상하면 도리어 내가 기쁘고 설레인다. 그 가을걷이의 날, 나는 먼발치에서 환하게 웃으며 여러분을 지켜보고 싶다.

김정호

01

_____ may protect them from depredation by insects is a widely held theory.

(A) What the alkaloid content of some plants
(B) That some plants of the alkaloid content
(C) That the alkaloid's some plants of content
(D) That the alkaloid content of some plants

02

Although Christopher Columbus failed in his original goal, _____ as important as the route to Asia he expected to find.

(A) he made the discoveries were
(B) the discoveries he made were
(C) and were the discoveries he made
(D) the discoveries were he made

03

The applicants who meet the requirements for the position they will
　　　　　　　　(A)　　　　(B)　　　　　　　　　　　　　　　　(C)
be contacted in order to schedule an on-site interview.
　　　　　　　　　　　　(D)

01

해석 어떤 식물에서의 알칼로이드의 함량은 그들을 곤충에 의한 약탈로부터 보호할 수도 있다는 것이 널리 인정받는 이론이다.

해설 명사절이 주어가 되는 문장이다. That the ~ by insects : 명사절로서, That+주어+동사의 구조. 전체문장의 술어 동사는 이 명사절 뒤에 나오는 is가 된다.

정답 : (D)

02

해석 비록 Christopher Columbus가 그의 본래 목적에서는 실패했지만, 그가 했던 그 발견들은 그가 발견할 것으로 기대했었던 아시아로 가는 길만큼이나 중요했다.

해설 Although ~ original goal : 양보의 부사절로서 comma 뒤에 전체 문장의 주어가 온다. A were as important as B 라고 보았을 때, 주어인 A에 해당하는 말이 바로 the discoveries he made 가 되며, 이 때 he made는 the discoveries를 후치수식.

정답 : (B)

03

해석 그 직책에 적합한 조건을 가진 지원자들은 현장 면접의 일정을 잡기 위해 연락이 되어질 것입니다.

해설 주어 The applicants 뒤에서 주격관계대명사절 <who ~ the position> 이 후치수식하고 그 다음 동사가 나와야 하는데, they라는 주어가 사용되었으므로, they를 없애야 한다.

정답 : (C)

04

Increasing customer _____ is our number one priority for the first half of this year.

(A) satisfactory
(B) satisfy
(C) satisfaction
(D) satisfied

05

<u>Designing</u> and implementing <u>successful</u> incentive pay plans <u>are</u>
   (A)   (B)   (C)
a complex undertaking for <u>any</u> business.
                           (D)

06

Twenty-four banks <u>they have agreed</u> <u>on a formula</u> to refinance 1.6
                          (A)   (B)
billion of the country's short-term <u>foreign</u> <u>debt</u>.
                                   (C) (D)

04

해석 고객 만족을 증가시키는 것은 올해 상반기에 우리의 최우선 사항이다.

해설 Increasing은 동명사 주어이다. 타동사 increasing 뒤에 타목으로 customer ____ 가 오는데, customer 가 명사로, 밑줄 친 부분과 함께 복합명사를 이룬다. 의미상 customer satisfaction이 적절하다.

정답 : (C)

05

해석 성공적인 인센티브(특별수당) 계획들을 기획하고 실행하는 것은 어떤 기업에게나 복잡한 일이다.

해설 문장의 주어는 동명사 Designing and implementing 이며, 이것을 하나의 단수 주어로 본다. 따라서 동사는 are → is 로 고친다.

정답 : (C)

06

해석 24개의 은행들이 국가의 단기 외채 16억을 상환한다는 방안에 동의했다.

해설 주어가 Twenty-four banks이며 동사는 have agreed 인데, 그 사이에 they라는 주어가 중복되어 있으므로, they를 없앤다.

정답 : (A)

07

Archaeologists have found that early people's use of fire
                  (A)

as a tool is easily to document than their use of fire as
   (B)   (C)

a means for keeping warm.
                 (D)

08

The situation comedy has proved to a remarkably durable
                       (A)   (B)

commercial television format.
   (C)   (D)

09

Banking is ancient origin, though little is known about
         (A)   (B)   (C)

history prior to thirteenth century.
        (D)

07

해석 고고학자들은 원시인들의 도구로서의 불의 사용이, 따뜻하게 하기위한 그들의 불의 사용보다 더 입증하기 쉽다는 것을 알아냈다. (원시인들이 불을 난방을 위한 수단으로 사용하였다기보다는 도구로 사용하였다는 것이 입증하기 쉽다는 것)

해설 that으로 시작하는 명사절 안에서 주어는 early people's use이며 동사는 is이다. 여기서 2형식동사 is뒤에는 주격보어가 와야 하는데, 부사인 easily는 올 수가 없다. 형용사인 easy로 고칠 것.

정답 : (C)

08

해석 시트콤은 두드러지게 수명이 긴 상업 TV 프로 형식인 것으로 밝혀졌다.

해설 prove가 2형식동사로 쓰일 때, 보어로 to be~ 라는 부정사를 취하여, <~임이 판명되다>라는 뜻을 갖는다. to a → to be a로 고칠 것.

정답 : (B)

09

해석 금융업은 13세기 이전의 역사에 대해서는 거의 알려져 있지 않지만 그 기원은 오래된 것이다.

해설 주어인 Banking뒤에 나오는 is의 주격보어 자리에 ancient가 왔으나, 그 자체가 banking의 주격보어가 될 수 없다. of+(형용사)+추상명사라는 구조로 만들어, 주어의 속성을 나타내는 형용사구 주격보어로 사용해야 한다. Banking is of ancient origin~

정답 : (A)

10

Inventor Granville Woods received him first patent on
　　　　　　　　　　　　　　　　　(A)　　　　　　　　(B)
January 3, 1984, for a steam boiler furnace.
　　　　　　　　　(C)　　　(D)

11

The quantum theory states _____, such as light, is given off and absorbed in tiny definite units called quanta or photons.

(A) energy that
(B) that it is energy
(C) it is energy
(D) that energy

12

Almost all economists agree _____ by trading with one another.

(A) nations that are gained
(B) nations they gain
(C) gaining nations
(D) that nations gain

10

해석 발명가 Granville Woods는 증기보일러 용광로로 1984년 1월 3일 첫 번째 특허를 받았다.

해설 3형식동사 receive의 목적어가 him, 그리고 first patent로 두개가 되어버렸으므로, 잘못되었다. him을 his로 고쳐서 his patent라는 하나의 목적어로 바꿀 것.

정답 : (A)

11

해석 양자이론이란 빛과 같은 에너지가 양자 또는 광자라고 불리는 미립자의 상태로 발산되어지거나, 흡수되는 것을 말한다.

해설 타동사 states는 절을 목적어로 취하고 있는데, 그 목적어 명사절의 동사는 is given ~ 라고 나와 있지만, 주어가 없다. (B)는 명사절주어가 될 수 있기는 하나, is given off 로 이어지기에 어색하며, (D)의 that energy가 가장 적절하다.

정답 : (D)

12

해석 대다수의 경제학자들은 각국이 서로 무역을 함으로써 이득을 얻는다는 데 동의한다.

해설 타동사 agree의 목적어를 찾는 문제. (A)와 (B)는 nations가 agree의 직접목적어가 되어 의미상 부적절하다. (D)와 같이 that S+V라는 절을 목적어로 취하는 것이 옳다. agree that S+V = S가 V하다는 것에 동의하다.

정답 : (D)

13

In every society there are norms that say individuals how
  (A)   (B)   (C)
they are supposed to behave.
        (D)

14

The native told to the archaeologist that deeper in the forest
          (A)   (B)
he could find the extensive ruins of a temple.
     (C)   (D)

15

The flexibility of film allows the artist _____ unbridled imagination to the animation of cartoon characters.

(A) to bring
(B) bringing
(C) is brought
(D) brings

13

해석: 어떤 사회든 개인이 어떤 식으로 행동해야 하는가를 말해주는 규범이 있다.

해설: <말하다>라는 뜻의 동사 say, speak, talk, tell 중에서, tell 이외에는 4형식으로 쓰지 않는다. say individuals how S+V 구조는 say 뒤에 간목+직목(명사절)구조가 나와 4형식을 취하고 있으므로 잘못되었다. say → tell로 고칠 것.

정답 : (B)

14

해석: 원주민은 고고학자에게 자신이 숲 속 깊은 곳에 있는 넓은 사원 유적지를 찾을 수 있다고 말했다.

해설: tell은 뒤에 간목+직목을 취할 수 있으며, 이 때 간접목적어 앞에 to는 불필요하다.
tell A that S+V = A에게 S가 V하다고 말하다.(A : 간목 , that절 : 직목)
told to → told 로 고칠 것.

정답 : (A)

15

해석: 영화가 지닌 유연성 때문에 미술가는 무한한 상상력을 발휘하여 만화의 등장인물을 (만화)영화화 할 수 있다.

해설: allow가 5형식으로 쓰일 때, 목적어 뒤에 to 부정사를 목적어로 취한다.
allow A to V = A가 V하도록 허락하다.

정답 : (A)

16

Frederick Jones invented a refrigeration unit that _____ the transportation of frozen foods by truck.

(A) made possible
(B) possibly made
(C) it possibly made
(D) made it possible

17

Variables such as individual and corporate behavior _____ nearly impossible for economists to forecast economic trends with precision.

(A) make
(B) make it
(C) it makes
(D) makes it

18

Most educators today consider computer literacy being a necessary
                        (A)   (B)   (C)
addition to the basic scholastic requirements.
                 (D)

16

해석: Frederick Jones는 트럭으로 냉동식품의 수송을 가능하게 하는 냉동장치를 발명하였다.

해설: 타동사 invent의 목적어는 refrigeration unit. 그 뒤에 that ~ truck 까지의 관계사절이 앞의 refrigeration unit을 후치수식한다. 이 때, that 절 안의 동사 made는 5형식으로 쓰였으며, 이 때 목적어와 목적보어가 도치되어 보어 possible이 먼저 온 형태.

정답 : (A)

17

해석: 개인 및 법인의 행동과 같은 변수들로 인해 경제학자들이 경제 동향을 정확하게 예측하는 것은 거의 불가능하다.

해설: 전체문장의 주어는 Variables이며 동사는 make가 된다.
이 문장은 < make + 가목(it) + 목적보어 + 진목(to부정사) >의 구조로 쓰였다.

정답 : (B)

18

해석: 대부분의 교육자들은 오늘날 컴퓨터 사용능력을 기본적인 학력 요건에 필수적으로 첨가되어야 할 사항으로 간주한다.

해설: 5형식 동사 consider는 목적어와 목적보어를 필요로 한다.
이 때, < consider + 목적어 + to be~ > 의 구조를 취하며, <-을 ~라고 간주하다>의 의미를 갖는다. being → to be 로 바꿀 것.

정답 : (B)

19

They spent all afternoon discussing about the recent stock market
     (A)   (B)   (C)
crash.
(D)

20

Agricultural Innovations needs to make a major investment in new machinery to remain _____ with BranCo.

(A) compete
(B) competition
(C) competitive
(D) competitively

21

Mr. Page offered _____ because he liked her credentials.

(A) her to the position
(B) the position for her
(C) her the position
(D) to her the position

19

해석: 그들은 최근의 주식시장붕괴를 이야기하며 오후전체를 보냈다

해설: 흔히 한국어로 옮기는 과정에서 전치사를 받을 것으로 착각하기 쉬운 동사 discuss에 관한 문법을 묻고 있다. 결론은 about 없이 바로 토론의 주제를 목적어로 받는다. 이와 같이 전치사를 받을것으로 착각하기 쉬운 동사들은, marry+상대자, enter+물리적장소, resemble+대상, contact+접촉물, visit+방문지, approach+접근대상물, greet+인사의 대상... 등이 있다.

정답 : (B)

20

해석: 농업혁신은 BranCo 와 관계에서 경쟁력이 있는 상태를 유지하기 위해 새로운 기계류에 대한 대규모 투자를 할 필요성을 제기하였다.

해설: remain 동사는 1형식 완전자동사 내지는 2형식으로 보어를 받아야 하는 불완전 자동사 둘중 하나로 사용되는데 보어를 받을 경우는 형용사를 취하여 --한 상태로 남다, -한 상태를 유지하다 의 의미로 쓴다.

정답 : (C)

21

해석: Mr. Page는 그녀에게 자리를 제공했다 왜냐하면 그는 그녀의 성적과 자격을 맘에들어 했다.

해설: offer 4형식으로 사용할 수 있는 동사로서 -에게, -을,를 구조를 차례대로 취한다.

정답 : (C)

22

The noise outside _____ work impossible, but closing the window would make the office unbearably hot.

(A) made
(B) doing
(C) caused
(D) regarded

23

He spent the morning at the dentist's, where he had gone to have a tooth _____.

(A) fill
(B) filled
(C) to fill
(D) filling

24

To help us better _____ our customers' needs, we ask that you fill out the enclosed questionnaire.

(A) understand
(B) understood
(C) understands
(D) understanding

22

해석: 외부소음은 일을 불가능하게 만들었다, 그러나 창문을 닫는다는 것도 사무실을 견딜수 없게 덥게 만들것이었다. (닫는다면 매우 더울것이었다)

해설: make 동사의 5형식으로 목적어 다음에 형용사를 목적보어로 취하여 --을 --한 상태로 만든다. 등위접속사 but은 두개의 절을 연결하고 있어서 앞에는 동사가 필요하다.

정답 : (A)

23

해석: 그는 오전을 치과에서 보냈는데 그는 이빨을 때우기 위해 그치과를 갔었다.

해설: have + 목적어 + pp 구조; 목적어가 --되도록 시키다. 이빨의 입장에서 보면 충치로 구멍난 부분이 채워지는 입장. 따라서 수동관계가 되어 pp를 사용한다

정답 : (B)

24

해석: 우리가 고객의 욕구를 좀 더 잘 이해할 수 있도록 우리는 당신이 동봉된 질문서양식을 채워주어야 한다고 요청합니다.(채워주시기 바랍니다)

해설: help + 목적어 + (to) 동사원형; 목적어가-하도록 돕다. to를 뺀 원형부정사도 사용할 수 있으며 부정사 앞의 부사 better 는 부정사에 걸리는 동사를 수식한다.

정답 : (A)

25

The consultant strongly recommends that we switched our
      (A)   (B)   (C)
peer-to-peer network configuration to a client-server configuration.
                                    (D)

26

Low-cost professional-quality graphics software makes _____ our artwork in-house cost effective.

(A) products
(B) producing
(C) to produce
(D) the production

27

It is prohibited by law to mail through parcel post any merchandise that might prove _____ in transport.

(A) dangerous
(B) with danger
(C) dangerously
(D) to the danger

25

해석 : 그 consultant 는 강력하게 권고한다 우리가 p-to-p(사용자대 사용자) network 배열방식을 서비스제공자대 고객중심의 network 배열방식으로 바꾸어야 한다고.

해설 : recommend동사와 같이 뒤에 목적어로 that 절을 받을때 주어와 동사원형을 취하는 동사는 ,insist(당위성에대한 주장), order, command, propose, suggest, ask, demand, require, request, rule(판결), decide(법적인 결정) 등이 있다.

정답 : (C)

26

해석 : 저비용 고급 그래픽 소프트웨어는 가정용비용으로 우리들이 예술품들을 만들어내는 것을 효율적으로 만든다.

해설 : make 가 동명사를 목적어로 받고 뒤에 effective를 목적보어로 받은 5형식구조이며, 동명사를 받아야 하는 이유는 뒤의 our artwork이 목적어인 명사로 사용되었기 때문이다.

정답 : (B)

27

해석 : 운송 중 위험물로 판명될 만한 물품이면 어떤 것이든 소포로 발송하는 것이 법률로 금지되어 있다.

해설 : prove가 <~임이 판명되다>의미의 2형식으로 쓰였고, 이 때 prove 뒤에는 주격보어가 필요하다. 이 때 알맞은 주격보어가 될 수 있는 것은 형용사 dangerous. mail 동사는 목적어 any.. 이하를 받았고 중간에 전+짝이 삽입된 도치이다.

정답 : (A)

28
The arthropods, including insects and spiders, are _____ economic and medical significance.
(A) both great
(B) great
(C) of great
(D) still greater

29
Studies of the gravity field of the Earth indicate _____ yield when unusual weight is placed on them.
(A) although its crust and mantle
(B) its crust and mantle to
(C) that its crust and mantle
(D) for its crust and mantle to

30
In an adult human, the skin weighs about seven pounds and
　　　　　　　　　　　　(A)　　　(B)
covers it about thirty-six square feet.
　(C)　　　　　　　　　　(D)

28

해석 곤충과 거미를 포함한 절족동물은 경제 및 의학적으로 상당한 중요성을 지닌다.

해설 불완전자동사인 be동사 뒤에 < of+(형용사)+추상명사 >의 구조가 나와 주격보어 역할을 하는 경우이다. (A), (B), (D)의 경우는 각각 추상명사구가 되어 주어 the arthropod의 보어로 적절하지 않다.

정답 : (C)

29

해석 지구의 중력장에 대한 연구는 지각과 맨틀 층에 일반적인 수준을 벗어나는 하중이 가해지면 휘어진다는 사실을 보여준다.

해설 동사 indicate는 타동사로서 주로 that절을 목적어로 취한다. (A)는 부사절로 목적어가 될 수 없고, 동사 yield와 함께 명사절을 완성시킬 수 있는 (C)가 답이 된다.

정답 : (C)

30

해석 성인의 피부는 무게가 약 7파운드 정도이고 넓이는 대략 36평방피트이다.

해설 3형식으로 쓰이는 타동사 cover는 목적어를 하나만 취해야 하며, 그 목적어로서 < about ~ feet >가 나왔으므로, 목적어 자리에 불필요하게 나와 있는 it는 없앤다. 숫자앞에 있는 about 은 숫자를 수식하며 "대략"의 의미를 갖는다.

정답 : (C)

31

A microphone enables a <u>soft</u> tone <u>to be amplified</u>, thus <u>making it</u>
                            (A)   (B)   (C)
possible the gentle renditions of <u>romantic</u> love songs in a large hall.
                               (D)

32

The piano teacher required <u>that</u> her student <u>practices</u> at least
                           (A)   (B)
<u>forty-five minutes</u> everyday <u>in preparation for</u> next recital.
     (C)   (D)

33

Professor Baker recommended that we <u>are</u> present at the reception
                                   (A)
<u>this afternoon</u> in order <u>to meet</u> the representatives <u>from</u> Fulbright
   (B)   (C)   (D)
Commission.

31

해석: 마이크는 부드러운 음을 증폭시킬 수 있으므로 대형 홀에서 낭만적인 연가가 은은히 연주될 수 있도록 한다.

해설: 분사로 쓰인 동사 make가 뒤에 목적어와 목적보어를 취하는 5형식. 이 때, the gentle~ 이라는 긴 목적어를 취하는 데, 길어진 목적어를 목적보어인 possible과 도치시킨 형태에 불과하다. 따라서 making it의 it는 불필요하다.

정답 : (C)

32

해석: 피아노 선생님은 학생에게 다음주 리사이틀 준비를 위해 매일 최소한 45분간 연습을 하라고 하였다.

해설: insist, suggest, recommend, require와 같은 제안, 주장, 요청을 하는 동사들이 that 절을 목적어로 받을 때, 그 절 안의 동사는 < (should)+동사원형 >을 쓴다. 따라서 3인칭 단수의 현재시제를 나타내는 practices를 should practice로 고쳐야 한다.

정답 : (B)

33

해석: Baker교수는 우리가 Fulbright 위원회 대표들을 만나기 위해 오늘 오후 리셉션에 참석하도록 하였다.

해설: 동사 recommend 뒤에 나오는 명사절 속의 동사형태가 잘못되었다. 26번 문제에서 설명한 것과 같이, should+동사원형의 형태가 와야 한다. are → should be로 고칠 것.

정답 : (A)

34

The <u>tough</u> skin formed by <u>dried</u> linseed oil does not break or chip,
    (A)   (B)

and resists <u>to</u> <u>changes</u> in the weather.
             (C) (D)

35

Like other women who pioneered in the field of medicine, Sara Mayo _____.

(A) found the beginning years difficult
(B) found difficult the beginning years
(C) found the beginning years difficultly
(D) found that the beginning years difficult

36

The face of the Moon <u>is changed</u> by collisions <u>with</u> meteoroids,
                       (A)   (B)

<u>causing</u> new craters <u>appear</u>.
  (C)   (D)

34

해석 | 건조된 아마인유에 의해서 형성되는 단단한 막은, 부서지거나 떨어져 나가지 않고, 날씨에서의 변화에 저항한다.(날씨의 변화에 영향을 받지 않는다)

해설 | 타동사로 자주 사용되는 resist가 changes를 목적어로 받고 있는데, 불필요하게 changes 앞에 전치사 새가 사용되었으므로, to를 삭제한다.

정답 : (C)

35

해석 | 의학 분야에서 개척자로서 일했던 다른 여자들과 마찬가지로, Sara Mayo는 처음 몇 년이 어렵다는 것을 깨달았다.

해설 | 문장의 주어는 Sara Mayo이며, 동사는 found. 이 find라는 동사가 5형식으로 쓰였고, 이 때 뒤에 목적어+목적격보어를 취하게 된다. 목적격보어로 부사는 올 수 없으므로, (C)는 불가능하다. (A)의 the beginning years + difficult 가 적절하다.

정답 : (A)

36

해석 | 달의 표면 모습은 유성들과의 충돌에 의해서 변화되는데, 그것들(유성들)은 새로운 분화구들을 나타나게 만든다.

해설 | 분사로 쓰인 cause는 뒤에 목적어+목적격보어를 취할 때, 목적격보어로 to부정사를 취한다. appear → to appear로 고칠 것.

정답 : (D)

37

According to most psychological studies, body language expresses a speaker's <u>emotions</u> and attitudes, and <u>it</u> also tends to <u>effect</u> the
                        (A)   (B)   (C)
emotions and attitudes of <u>the listener</u>.
                        (D)

38

The walls around the city of Quebec, which was originally a military fort, _____, making Quebec the only walled city in North America.

(A) still standing
(B) and still stand
(C) still there is standing
(D) still stand

39

As secretary of <u>transportation</u> from 1975 to 1977, William Coleman
                 (A)
<u>worked to</u> help the bankrupt railroads in the northeastern United
  (B)
States <u>solving</u> their <u>financial</u> problems.
        (C)   (D)

37

해석 대부분의 심리학적인 연구에 따르면, 바디 랭귀지는 말하는 이의 감정과 태도를 표현하고, 그것은 듣는 이의 감정과 태도에 영향을 주는 경향이 있다.

해설 문맥상 < ~에 영향을 주다 >라는 동사가 쓰여야 맞다. 따라서 타동사 affect가 쓰여야 한다. effect는 명사로서 < 영향, 효과 >라는 뜻이 있으며, 동사로 쓰일 때, < ~을 발생시키다 >라는 뜻을 갖는다.

정답 : (C)

38

해석 원래 군사적인 요새였던, Quebec시 주위의 벽들은 아직도 서 있는데, 그래서 Quebec시를 북미에서 유일한 벽으로 둘러싸인 도시로 만들어 준다.

해설 전체문장의 주어는 The walls이며, 동사가 나와 있지 않으므로, 빈 칸에는 주어에 맞는 동사가 필요하다. (B)는 접속사가 있어서 부적절하며, (D)의 still stand가 적절하다. making 이하는 분사구.

정답 : (D)

39

해석 1975년부터 1977년까지 교통부 장관으로서, William Coleman은 미국 북동부의 파산한 철도회사들이 그들의 경제적인 문제를 해결하는 것을 돕기 위해서 일했다.

해설 동사 help가 뒤에 목적어+목적보어를 받는 5형식 구조로 쓰일 때,
목적보어는 < to부정사 또는 원형부정사 >를 쓴다. help A (to) V = A가 V하는 것을 돕다. 따라서 solving → solve 로 고치면 된다.

정답 : (C)

40

Many plants, such as maple trees, irises, and tomatoes, can be survived freezing temperatures if the temperature gradually
    (A)   (B)   (C)
drops over a period of several days.
      (D)

41

Authorities have found that the addition of antibiotics to livestock fodder can make _____.

(A) humans who are immune to the drugs
(B) humans immune to the drugs
(C) immune humans to the drugs
(D) humans to be immune to the drugs

42

A squid that has just been born _____ during the first few days of its existence.

(A) will follow any nearby moving object
(B) followed by any nearby moving object
(C) any nearby moving object will follow
(D) by following any nearby moving object

40

해석 단풍나무, 붓꽃, 토마토 같은 많은 식물들은, 그 온도가 여러 날에 걸쳐서 점차적으로 떨어지면, 영하의 온도를 견뎌낼 수 있다.

해설 survive가 < ~을 견디어 살아남다 >라는 뜻으로 쓰였고, 타동사이다. survive 뒤에 타목으로 freezing temperatures가 쓰였는데, survive를 수동태로 쓴 것은 잘못되었다. be survived → survive로 고칠 것.

정답 : (A)

41

해석 권위자들은, 가축의 사료에 항생제를 첨가하는 것은 인간을 그 약에 면역이 되도록 만들 수 있다는 것을 밝혀냈다.

해설 have found의 목적어로 명사절이 쓰였다. that절 안의 make는 5형식에서 쓰일 때, 뒤에 목적어+목적격보어 구조를 취하므로 목적어로 humans, 목적격보어로 immune to the drugs가 오는 (B)가 적절하다.

정답 : (B)

42

해석 막 태어난 오징어는, 그것이 태어난 지 처음 며칠 동안에, 근처에 움직이는 어떤 물체든지 쫓아가는 경향이 있다.

해설 문장의 주어는 A squid이고, that has just been born은 A squid를 후치수식. 빈칸에는 주어에 맞는 서술어(동사)가 나와야 한다. 문장을 서술하는 동사는 (A)에만 있다.

정답 : (A)

43

The United States Constitution _____ to ratify treaties and to give advice and consent in relation to political appointments.

(A) gives the Senate to the power
(B) gives the Senate of the power
(C) gives the Senate the power
(D) gives the Senate with the power

44

Special computer programs _____ on the computer screen by combining text from word-processing programs with illustrations from graphics programs.

(A) enable to people design a page
(B) enable design by people a page
(C) enabled people's design a page
(D) enable people to design a page

45

An erupting volcano or an earthquake sometimes affects the features of the surrounding region _____.

(A) can even cause to lakes disappear
(B) it can even cause lakes to disappear
(C) and can even cause disappearing lakes
(D) and can even cause lakes to disappear

43

해석 미국헌법은 상원에, 조약을 인준하고 정치적인 직책의 임명에 관해서 충고와 동의를 할 권한을 부여한다.

해설 give는 뒤에 간목+직목의 형태로 목적어를 두개 취하는 동사이다. 이 때, give+간목+직목 과 같이 세 가지를 바로 직접 연결하여 사용한다. (A), (B), (D)와 같이 직접 목적어 앞에 전치사는 불필요하다.

정답 : (C)

44

해석 특별한 컴퓨터 프로그램은, 사람들로 하여금, 문서작성 프로그램으로부터의 글과, 그림 프로그램으로부터의 그림들을 결합함으로써, 컴퓨터 화면상에서 한 페이지를 디자인하는 것을 가능하게 해준다.

해설 Special computer program이 문장의 주어이며, 빈칸에는 enable이라는 동사가 들어가게 되는데, 이 동사 enable은 5형식으로 < enable A to V >의 구조로 사용하며, <A가 V할 수 있게 하다>라는 의미가 된다.

정답 : (D)

45

해석 분출하는 화산이나 지진이 때때로 주위의 둘러싼 지역의 특징에 영향을 주며 호수를 없어지게 만들 수도 있다.

해설 주어는 An erupting ~ earthquake이며 뒤에 나오는 affects가 첫 번째 동사이다. 그 뒤에 두 번째 동사로 cause를 사용하려 하므로, 접속사 and가 필요. 또한 cause는 5형식동사로 목적어 + 목적격보어를 취하는데, 이때 보어로는 to부정사가 온다.

정답 : (D)

46

Soprano Julia Migenes-Johnson believes that her Latin American background helped _____ the role of the Spanish character Carmen in a 1984 opera film.

(A) her interpretation
(B) her interpret
(C) her interpreting
(D) her interpreted

46

해석 소프라노인 Migenes-Johnson은 그녀의 남미계 배경이 그녀로 하여금 1984년의 오페라영화에서 스페인 인물인 카르멘의 역할을 잘 해석하도록 도와주었다고 믿는다.

해설 동사 help가 5형식으로 쓰일 때, 목적격보어는 to 부정사 또는 원형부정사가 온다. 목적어 her 뒤에 목적격보어로 interpret를 쓰는 것이 맞다.

정답 : (B)

47

Because of air pollution being greatly reduced, this city is still _____.

(A) a good place which to live
(B) lived as a good place
(C) a good place to live in
(D) living in as a good place

48

An explosion is really a sudden increase in volume _____.

(A) rapid burning causes it.
(B) and caused by rapid burning
(C) causing its burning to be rapid
(D) caused by rapid burning

49

Among pure pharmaceutical, _____ from natural sources were the alkaloids.

(A) to be the earliest isolated
(B) the earliest be isolated
(C) the earliest isolated to be
(D) the earliest to be isolated

47

해석 대기 오염이 상당히 줄어들었으므로 이 도시는 여전히 살기에 좋은 곳이다.

해설 우선 동사 is 뒤에 주격보어인 a good place가 와야 하고, < 살기에 좋은 곳 >이라는 뜻을 만들어 주기 위해, a good place 뒤에서 후치수식을 해야한다. (A)는 live 뒤 혹은 which 앞에 in이 없어서 부적절. <명사+to V>후치수식구조인 (C)가 답이 된다.

정답 : (C)

48

해석 폭발은 실제로 급속한 연소에 의해 생기는 부피의 갑작스런 증가 현상이다.

해설 (A)는 독립절로 접속사 없이 사용 불가능. 등위접속사 and를 사용한 (B)는 앞부분과 병렬구조가 맞지 않는다. 분사 후치수식구조인 (C)와 (D) 중에서 피수식어인 a sudden increase가 cause의 능동의 주체가 될 수 없으므로, 답은 (D)

정답 : (D)

49

해석 순수 생약 중에서, 자연적인 근원으로부터 추출된 최초의 것은 알칼로이드였다.

해설 빈칸에는 전체 문장의 주어가 들어가야 하므로 (A)는 부적절. the earliest가 주어가 되며, 뒤에서 to 부정사가 최상급인 the earliest(뒤에 명사생략)를 후치수식한다. <자연적인 원천으로부터 추출된 최초의 것>이라는 뜻을 가짐.

정답 : (D)

50

_____ that the heavenly bodies go through regular cycles of motion.

(A) The development of astronomy from the observation
(B) Astronomy developed from the observation
(C) Astronomy which developed from the observation
(D) The observation developed from the astronomy

51

The final step in manufacturing cloth is ironing it between heavy rollers, a process _____.

(A) called calendering
(B) which called calendering
(C) is called calendering
(D) that is called by calendering

52

The first explorer <u>to reach</u> California <u>by land</u> was Jedediah Strong
                   (A)   (B)

Smith, a trapper <u>whose</u> crossed the southwestern <u>deserts</u> of the
              (C)   (D)

United States in 1826.

50

해석 천문학은 천체들이 규칙적인 움직임의 사이클로 진행한다는 관찰로부터 발전했다.

해설 뒤에 that 절이 나오는 것으로 보아, 빈칸 안에 전체 문장의 주어+동사가 모두 와야 한다. (A), (C)는 술어동사가 없으므로 부적절. that절이 완전한 문장으로 접속사 that 앞에 오게 될 명사와 동격을 이루다는 점에서, 의미상 (B)가 알맞다.

정답 : (B)

51

해석 천을 제조하는 마지막 단계는, calendering이라고 불리는 과정인, 그것(천)을 무거운 롤러 사이에 넣고 다림질 하는 것이다.

해설 동사 call은 5형식으로 쓰일 때, < call 목 + 목보 >의 구조로 쓰인다. call A B라고 하며, <A를 B라고 부르다>라는 뜻이 되는데, <B라고 불리는 A>라는 말을 만들려면, A **called** B라는 식으로 과거분사 후치수식구조를 사용하면 된다.

정답 : (A)

52

해석 육로로 캘리포니아에 도착한 첫 번째 탐험가는, 1826년에 미국의 남서부 사막을 건넜던 사냥꾼인 Jedediah Strong Smith 였다.

해설 주어는 The first explorer이고, to reach~는 후치수식어. a trapper 뒤의 관계사절은 관계대명사 뒤에 바로 동사가 오는 주격관계사절의 구조인데, 관계대명사를 잘못 사용하였다. whose → who로 고칠 것.

정답 : (C)

53

A particular kind of bamboo with tough, hollow stems _____.

(A) a foot thick reaches heights of 120 feet
(B) and a foot thick reaches heights of 120 feet
(C) with a foot thick reaches heights of 120 feet
(D) a foot thickness reaches heights of 120 feet

54

The atmosphere is a blanket of protective gases around the Earth providing insulation against _____.

(A) extreme variations in temperature otherwise
(B) otherwise extreme variations in temperature
(C) otherwise extremely temperature variations
(D) extreme variations otherwise in temperature

55

Fossils in 500-million-year-old rocks demonstrate that life forms in the Cambrian period were mostly marine animals _____ calcium to form shells.

(A) which capable of secreting
(B) capability of secreting
(C) capable of secreting
(D) were capable of secreting

53

해석 단단하고 속이 빈, 1 foot 두께의 줄기를 가진 어떤 특별한 종류의 대나무는 120 피트의 높이까지 도달한다.(자란다)

해설 전체문장의 동사는 reaches가 되고, a foot thick은 stems를 후치수식하기 위해 나온 말이다. stems which are a foot thick에서 which are 생략한 구조이므로 다른 전치사는 필요 없다. ~thick까지가 주절이고, reaches~ 가 문장을 서술한다.

정답 : (A)

54

해석 대기는, 그것(대기)이 없다면 발생할 수 있는 온도에 있어서의 극도의 변화에 대항하여 단열을 제공하는 지구를 둘러싼 보호적인 기체의 막이다.

해설 주어는 The atmosphere이며, a blanket은 주격보어. 현재분사 providing~ 은 <~을 제공하는>이라는 뜻으로, a blanket을 후치수식한다. otherwise = 그렇지 않다면 발생할 수 있는. extreme variations in temperature = 온도에 있어서의 극도의 변화

정답 : (B)

55

해석 5억년 된 바위에 있는 화석들은 캄브리아기의 생명체가 대개 칼슘을 분비해서 조개껍질을 형성할 수 있는 해양생물이었다는 것을 나타내준다.

해설 that 절 안의 동사 were의 보어로 나온 marine animals를 후치수식할 수 있는 말을 찾아야 한다. 후치수식구조 중, <형용사+전치사구>로 이루어진 (C)가 적절하다.

정답 : (C)

56

This year, the judges had the difficult yet enjoyable tasks selecting
                                        (A)
twelve winning photos from the many who were entered.
       (B)   (C)   (D)

57

Dr. Abernathy's donation to Owston College broke the record for the largest private gift ever _____ to the campus.

(A) gives
(B) giving
(C) is giving
(D) given

58

Your new credit card will bring you benefits that provides greater
 (A)   (B)   (C)
financial flexibility.
          (C)

56

해석: 올해 심사원들은 출품된 많은 것들(사진) 중 열 두장의 입상 사진들(입상작)을 고르는 어려우면서도 즐거운 작업을 해냈다.

해설: the many를 후치수식하는 관계사절에서, 문맥상 사물을 나타내는 선행사 the many에 대해 관계대명사 who는 부적절하다. who → that으로 고칠 것.

정답 : (D)

57

해석: Owston대학에 대한 Abernathy박사의 기부금은, 지금까지 대학에 기부된 개인 최고 기증액의 기록을 깼다.

해설: the largest private gift를 뒤에서 후치수식할 수 있는 것은 (B)와 (D)이다. 이 때 타동사 give 뒤에 목적어가 없으므로, 과거분사 후치수식어인 given이 적절하다. 의미상으로 보아도 <주어진 기증액>이 도기 위해서는 수동의 의미를 갖는 given이 맞다.

정답 : (D)

58

해석: 당신의 새 신용카드는 당신에게 더 큰 재정적 유연성(자유로움)을 제공하는 이점들을 가져올 것입니다.

해설: 주격관계대명사 that절의 동사는 선행사 benefits와 수를 일치시켜야 한다. 따라서 provides → provide 로 고칠 것.

정답 : (C)

59

The importance of mythology within a culture reflect in the
   (A)   (B)   (C)
status of storytellers.
           (D)

60

Powerful muscles in the upper part of their long, thin legs _____.
(A) allow to deer run swiftly and jump far
(B) allow deer to run swiftly and jump far
(C) allow deer running swiftly and jump far
(D) allow deer that run swiftly and jump far

61

The dawn redwood appears to have been flourished some 100 million
                     (A)   (B)   (C)
years ago in northern forests around the world.
    (D)

59

해석 한 문화 안에서 신화학의 중요성은 이야기 하는 사람들의 사회적 위치에서 (위치에 의해서) 반영된다.

해설 신화학의 중요성이 주어이고 동사 reflect는 수동이 되어서 반영되어진다가 되어야 한다. 참고로 reflect는 타동사. 정답은 is reflected.

정답 : (C)

60

해석 그들의 길고 가느다란 다리의 윗부분에 있는 강한 근육이 사슴들로 하여금 빨리 달리고 멀리 뛸 수 있게 해준다.

해설 allow + 목적어 + to 부정사 : 목적어가 -하도록 허락하다

정답 : (B)

61

해석 dawn redwood 라는 나무는 전 세계의 북부 숲에서 약 1억년전에 번창했던 것처럼 보인다.

해설 flourish는 자동사로서 수동이 걸리지 않는다. to have flourished 가 정답이며 번성의 시기가 1억년전이고 동사는 appear 로 현재형이므로 완료부정사를 사용한다

정답 : (B)

62

Archaeologists know <u>that</u> drawing <u>practiced</u> 35,000 years <u>ago</u>, but
                (A)   (B)   (C)
it is still unclear for <u>precisely</u> what purpose.
                     (D)

63

<u>Beginning</u> in the Middle Ages, composers of Western music
 (A)

used a system of <u>notation</u> their compositions <u>so that</u> they could
                (B)   (C)

<u>be performed</u> by musicians.
   (D)

64

Construction engineers _____ that damage from last week's flood will exceed £50,000.

(A) estimates
(B) is estimating
(C) have estimated
(D) have been estimated

62

해석 고고학자들은 스케치와 같은 그림그리기가 35,000년 전에 실행되었다는 것을 안다. 그러나 그것의 정확한 목적은 아직도 불분명하다

해설 practice 는 타동사로서 drawing을 주어로 하기 때문에 수동이 되어야 한다

정답 : (B)

63

해석 중세 시대부터, 서양음악의 작곡가들은 그들의 작품들이 (다른)음악가들에 의해서 연주될 수 있도록, 그들의 작품을 악보로 기록하는 하나의 체계를 사용했다.

해설 명사 notation을 쓸 경우 그뒤의 their compositions 라는 명사의 문법적 역할이 없어지므로 동사 notate를 써서 그뒤의 명사를 목적어로 받게한 후 앞의 전치사 of 에 목적어로 걸어서 동명사화 한다. 정답은 notating

정답 : (B)

64

해석 건설 기술자들은 지난 주 홍수로 인한 손해가 5만 파운드를 넘는다고 평가했다.

해설 문장의 동사를 찾는 문제. 빈칸 뒤의 절을 목적어로 받는 동사 estimate의 여러 형태가 나와 있는데, 주어가 복수이므로 (A)와 (B)는 불가능. 의미상 건설기술자들이 능동으로 하는 행위가 들어가야 하므로, (D)도 부적절. (C)의 현재완료시제가 적절.

정답 : (C)

65

The Trade Ministry's report _____ that the growing scarcity of skilled labor is limiting business expansion.

(A) asserts
(B) refers
(C) recites
(D) calls

66

The machinery we sell is assembling in this country, but
     (A) (B)
most of the parts come from abroad.
 (C)   (D)

67

It has been suggested that employees _____ to work in their current positions until the quarterly review is finished.

(A) continuity
(B) continue
(C) continuing
(D) continuous

65

해석: 무역부의 보고서는, 심화되는 숙련된 노동자의 부족이 산업발전을 제한(저해)하고 있다고 주장한다.

해설: 동사 refer는 전치사 to와 함께 사용해야 하며, call은 that절을 목적어로 받지 않는다. 의미상 assert가 적절하다.

정답 : (A)

66

해석: 우리가 판매하는 기계류는 국내에서 조립되지만, 부품의 대부분은 해외로부터 들어온다.

해설: we sell은 주어인 The machinery를 후치수식하고 있다. 그 뒤의 동사 is assembling은 능동의 현재 진행형인데, 주어가 The machinery임을 고려할 때, 타동사 assemble은 수동태로 쓰여야 한다. assembling → assembled로 고칠 것.

정답 : (B)

67

해석: 분기평가가 끝나기 전까지 직원들은 현 위치에서 일을 계속하도록 제안 되어 졌다.

해설: suggest, insist 등과 같이 제안, 주장의 동사 뒤에 that 절을 목적어로 받을 때, 절 안에서 행동해야할 행위자가 명시가 되면, 동사는 <should+동사원형> 으로 쓰거나 should를 생략하고 <동사원형>으로 쓴다. <suggest that 행위자 (should) 동사원형>

정답 : (B)

68

This new highway construction project will help the company _____.

(A) diversify
(B) clarify
(C) intensify
(D) modify

69

Ms. Lee did _____ good work on that project that she was quickly offered a promotion.

(A) too
(B) such
(C) so
(D) much

70

We appreciate it your interest in our company and look forward to
      (A)   (B)   (C)
hearing from you soon.
        (D)

68

해석 이번 새 고속도로 건설사업은 회사가 (사업을) 다양화하도록 도울 것이다.

해설 타동사 help는 목적어로 the company를 받고 있으며, 그 뒤에는 동사원형이나 to부정사가 온다. 이 때, 빈 칸 뒤에 목적어가 없으므로, 빈칸에는 자동사가 들어간다. (B),(C),(D)는 타동사로만 쓰인다.

정답 : (A)

69

해석 Lee 양은 프로젝트를 아주 훌륭하게 처리해 그녀는 곧 승진을 제공받았다.

해설 이 문장에서는 명사 work를 good과 함께 수식할 형용사 such가 필요하다. 부사인 so는 so good work와 같이 사용할 수 없다.

정답 : (B)

70

해석 저희는 저희 회사에 대한 당신의 관심에 감사드리며, 곧 당신으로부터 회답 받을 것을 기다립니다.

해설 타동사 appreciate의 목적어는 하나만 있어야 한다. your interest가 목적어로 사용되고, it는 불필요하다.

정답 : (A)

71

Substantial penalties <u>will be charging</u> whenever <u>a</u> customer withdraws
                          (A)   (B)
<u>funds</u> from this account <u>prior to</u> the maturity date.
 (C)   (D)

72

<u>Travel club</u> application forms <u>can find</u> <u>in front of</u> the main desk in the
   (A)   (B)   (C)
<u>hotel lobby</u>.
   (D)

73

Ms. Sanchez _____ that I visit the doctor and have my foot looked at.

(A) influenced
(B) offered
(C) reserved
(D) suggested

71

해석 만기일에 앞서 고객이 이 계좌로부터 돈을 인출할 경우, 상당한 위약금이 부과될 것이다.

해설 동사 charge가 능동으로 쓰였는데, 주어는 Substantial penalties 이므로, 의미상 수동태로 쓰는 것이 맞다. 또한 구조상으로 보아도 타동사 charge 뒤에 목적어가 없는 것은 잘못 되었다.

정답 : (A)

72

해석 여행클럽 가입신청서는 호텔 로비에 있는 프런트 데스크 앞에서 발견되어 질 수 있다. (프런트 데스크 앞에 비치되어 있다.)

해설 주어 Travel club application forms는 find의 주체가 될 수 없으므로, 수동태인 can be found로 고쳐야 한다.

정답 : (B)

73

해석 Sanchez씨는 내가 의사를 방문하여 내 발을 보여지게 할 것을(검사 받을 것을) 제안했다.

해설 목적어로 that 절을 취하는 동사는 (D)의 suggested 이며, 나머지는 일반적으로 that 절을 취하지 않는다.
< suggest+that+행위자+동사원형 : 행위자가 ~할 것을 제안하다 >

정답 : (D)

74

Overnight parking is no longer _____ at the Twin Fields Shopping Mall.

(A) permitting
(B) permitted
(C) permit
(D) permits

75

The company refused _____ to the latest settlement offer.

(A) agreeing
(B) to agree
(C) having agreed
(D) agreed

74

해석 야간주차는 Twin Fields 쇼핑몰에서 더 이상 허락되지 않는다.

해설 주어는 Overnight parking이 주어이고, 동사는 is + _____ 이다. permit라는 동사는 타동사이므로, 의미상 수동태로 쓰는 것이 옳다. 뒤에 목적어가 없는 것을 보아도 수동태로 써야 한다는 것을 알 수 있다.

정답 : (B)

75

해석 그 회사는 가장 최근의 문제해결 제시에 동의하기를 거부했다.

해설 타동사 refuse는 to부정사를 목적어로 취한다. <refuse to 동사원형>구조에 맞는 것은 (B)의 to agree 이다.

정답 : (B)

76

_____ on water depends on the density of both the object and the water.

(A) An object floats
(B) Whether an object floats
(C) Does an object floats
(D) So an object floats

77

<u>Today</u> it is generally recognized <u>as</u> the primary function of the
  A   B

Federal Reserve system is to foster the flow of <u>credit and money</u>
                                                                               C

that will eventually <u>facilitate a balance</u> in international payments.
                                      D

78

An internationally famous ballerina, Maria Tallchief demonstrated that the quality of ballet in the United States _____.

(A) could equally that of the ballet in Europe
(B) could equal that of the ballet in Europe
(C) could equalize that of the ballet in Europe
(D) equally that of the ballet in Europe

76

해석 물체가 물에 뜨는지 안 뜨는지의 여부는 물체와 물의 비중에 달려 있다.

해설 문장 전체의 동사가 depends인데, 보기 4개에 모두 float라는 동사가 있으므로, 밑줄 친 부분에 들어갈 것은 주어이며 동시에 절구조가 와야 한다. 절이 주어가 되려면 명사절인 (B)가 적절하다.

정답 : (B)

77

해석 오늘날 연방 준비금 제도의 기본 기능은 궁극적으로 국제 수지의 균형을 수월하게 하는 신용과 현금의 흐름을 촉진시키는 것이라고 흔히 인식되고 있다.

해설 만일 it가 진주어라면, is recognized가 본동사가 되는데, 뒤에 다시 동사 is가 나와서 동사가 겹친다. it는 가주어이며, 뒤에는 that 절이 진주어로 쓰이는 구문이 오는 것이 적절하므로, as → that으로 고친다.

정답 : (B)

78

해석 국제적으로 유명한 발레리나인 Maria Tallchief는 미국에서의 발레의 질이 유럽에서의 발레의 그것(질)에 견줄 만하다(동일하다)는 것을 보여주었다.

해설 견주다 라는 의미는 equal을 사용한다 equalize 는 균등화하다

정답 : (B)

79

During the great periods of architecture, that constitutes perfect
  (A)   (B)

proportions has been subject to various canons or rules.
                        (C)   (D)

80

A politician can make a legislative proposal more understandable by giving specific examples _____.

(A) what of its effect will be
(B) of what its effect will be
(C) what its effect will be of
(D) what will be of its effect

81

A recent study of American families shows _____ two incomes.

(A) which they are becoming more and more dependent on
(B) that are becoming more and more dependent on
(C) who they are becoming more and more dependent on
(D) that they are becoming more and more dependent on

79

해석 위대한 건축의 시기동안에, 완벽한 비율을 구성하는 것은 여러 가지 규범과 규칙에 의해 좌우되어왔다.

해설 동사 constitutes 와 has been 의 두개의 주어역할을 동시에 하는 선행사를 포함하는 관계대명사 what 이 필요하다

정답 : (B)

80

해석 정치가는 그것(자신이 제안한 입법)의 효과가 무엇이 될 것인가의 구체적 예를 보여줌으로써 하나의 입법 제안을 더욱 이해할 수 있게 만든다.

해설 앞의 명사 examples를 바로 what 절로 연결할 수 없으므로 전치사를 붙이고 그 뒤에 선행사를 포함하는 관계대명사를 써서 전치사 of 의 목적어와 will be 동사의 보어 역할을 동시에 하게 만든다.

정답 : (B)

81

해석 미국의 가족에 대한 최근의 한 연구가, 그들이 점점 더 두 사람의 수입에 의존하게 되고 있다는 것을 보여준다.

해설 show 동사가 뒤에 완전한 구조의 절을 받았으므로 순수한 접속사만을 취해야 한다.

정답 : (D)

82

Scientists can detect when someone is dreaming _____, a machine that registers different brain waves in a sleeping individual.

(A) to use an electroencephalograph
(B) by using an electroencephalograph
(C) and using an electroencephalograph
(D) using an electroencephalograph

83

Digging in the financial district of New York City, archaeologists have uncovered _____ the remains of New York's first city hall.

(A) that believes to be
(B) what they believe to be
(C) what believes to be
(D) what to be believed

84

Be sure to remember _____ the exits are located in case of an emergency.

(A) to
(B) when
(C) where
(D) which

82

해석 과학자들은 뇌파기록기- 잠자는 사람에게 있어서 여러 가지 뇌파를 기록하는 기계-를 사용함으로써 언제 사람이 꿈을 꾸는지 추적할 수 있다.

해설 dreaming 이하에 by -ing를 써서 -함으로써를 만들고 using 의 목적어로 electroencephalograph 받았으며 그 뒤에 커머(comma)와 함께 동격의 명사를 달아서 설명했다.

정답 : (B)

83

해석 New York시의 금융가를 발굴하다가, 고고학자들은, 그들이 New York의 첫 번째 시청의 잔재물이라고 믿는 것(유물들)을 찾아내었다.

해설 believe 의 목적어와 uncover의 목적어 역할을 동시에 수행하는 선행사를 포함하는 관계사 what을 사용했고 관계사절은 5식구조로 목적보어자리에 to be ..이하를 받았다.

정답 : (B)

84

해석 비상사태에 대비하여 비상구가 어디에 위치해 있는지 확인하세요.

해설 in case of~ : ~의 경우에 대비하여. 타동사 remember는 목적어로 동명사, to부정사도 취할 수 있지만, 절을 목적어로 받기도 한다. <S가 V하다는 것을 기억하다> 이 문장에서 빈칸에는 장소의 명사절을 이끄는 where 이 들어가야 한다.

정답 : (C)

85

How far _____ people stand when talking to each other can give you a lot of information about their attitudes.

(A) beside
(B) from
(C) apart
(D) between

86

A recent global survey suggests _____ demand for aluminum and tin will remain at its current level for the next five to ten years.

(A) which
(B) it
(C) that
(D) both

87

If clients do not know how respond to a questionnaire item, ask them
(A)   (B)   (C)
to circle "I don't know."
   (D)

85

해석 사람들이 서로 말을 할 때 얼마나 떨어져 서있는가 하는 것은, 당신에게 그들의 태도에 대한 많은 정보를 준다.

해설 How far apart S+V : 얼마나 거리를 두고 S가 V하는가

정답 : (C)

86

해석 최근의 전 세계적 조사는, 알루미늄과 주석에 대한 수요가 향후 5년에서 10년간 현재의 수준에 머무를 것이라고 말해준다.

해설 타동사 suggest의 목적어로 나오는 명사절을 이끌 접속사는 (C)이다.

정답 : (C)

87

해석 만일 고객들이 설문지 문항에 어떻게 답해야 하는지 모를 경우에는, 그들에게 '모릅니다' 에 동그라미 하도록 요구하십시오.

해설 의문 부사 how 뒤에 바로 동사가 왔으므로 틀렸다. how they should respond 라는 <절의 형태>로 고쳐준다. how to respond와 같이 <how+to부정사> 의 구조로 쓸 수도 있다.

정답 : (C)

88

Recent estimates show that _____ more than two million bird-watchers in the United States.

(A) there are among
(B) are there the
(C) there are
(D) among the

89

_____ astrology and alchemy may be regarded as fundamental aspects of thought is indicated by their apparent universality.

(A) Both are
(B) What both
(C) Both
(D) That both

90

_____ brings about happiness has utility, according to the doctrine of utilitarianism.

(A) It
(B) Whatever
(C) Each
(D) Why

88

해석 최근 추정치는 미국에는 200만이 넘는 조류 관찰가들이 있다는 것을 보여준다.

해설 show의 목적어로 나온 명사절에서 동사가 나와 있지 않으므로, 밑줄 부분에는 동사가 있어야 한다. 이 때, ~~가 있다라는 뜻으로, there are 구문을 사용하는 것이 가장 적절하다. 이 때 there은 주어가 아니다. there+be+명사(주어) 구문에서 명사가 주어.

정답 : (C)

89

해석 점성술과 연금술이 둘 다 사고(思考)의 기본적인 면(모습)으로서 간주될 수 있다고 하는 것은 그것들의 뚜렷한 보편성에 의해 나타내어진다.

해설 동사는 may be와 is indicated가 있는데, 문장 전체의 본동사가 may be라면 뒤의 is indicated 에 해당하는 주어가 없게 된다. 따라서 문장의 본동사는 is indicated이며, 그 앞부분의 절 구조가 주어가 된다. 주어가 되는 명사절을 만들려면 (D)가 적절.

정답 : (D)

90

해석 공리주의의 원칙(이론)에 의하면, 행복을 가져다주는 것은 어느 것이나 유용하다.

해설 has가 문장의 동사이며, utility가 목적어. has 앞부분이 주어가 되려면, 빈 칸 바로 뒤에 있는 동사 brings의 주어가 될 수 있으면서, 명사절을 만들 수 있는 것이 필요하다. 명사절을 이끄는 Whatever 가 적절하다.

정답 : (B)

91

_____ the zero was invented is not known.

(A) After
(B) Since
(C) Although
(D) When

92

By studying fossils, paleontologists learn _____ forms of life thrived during various periods of he Earth's history.

(A) from
(B) so
(C) the
(D) what

91

해석 언제 숫자 0이 발명되었는지는 알려져 있지 않다.

해설 문장의 주어는 is not known인데, 앞의 _____ the zero was invented가 주어가 되려면, 명사절 구조를 만들어야 한다. 그러나 After, Since, Although는 부사절 접속사로 부적절. 의문사가 이끄는 명사절을 만드는 When이 정답.

정답 : (D)

92

해석 화석을 연구함으로써, 고생물학자들은 어떤 형태의 생물이 지구의 역사의 다양한 시기에 걸쳐 번성했는지를 알아낸다.

해설 동사 learn의 목적어가 되려면, (D)의 what을 넣어 동사 뒷부분을 명사절로 만들어 주면된다. forms를 수식하는 의문형용사 what을 사용하여 명사절 완성. <What forms of life thrived ~ : 어떤 생물의 형태가 번성했는지...>

정답 : (D)

93

The difference between libel and slander is that libel is printed while _____.

(A) spoken is slander
(B) is spoken slander
(C) slander is spoken
(D) is slander spoken

94

Earthworms improve soil by <u>aerating</u> it <u>as</u> they <u>to burrow</u> <u>through</u> the
                                      A   B   C   D
ground.

95

Some <u>types of</u> ferns <u>resemble</u> trees and some are <u>too</u> small that
         A   B   C
they <u>look like</u> moss.
        D

93

해석: libel과 slander의 차이는 libel은 문서에 의한 것인 반면 slander는 구두에 의한 것이다.

해설: while은 접속사로 뒤에는 절구조가 적절하다. (A)의 경우 과거분사가 주어가 될 수 없고, 동사가 먼저 나오는 (B), (D)도 부적절. 주어+동사 구조인 (C)가 들어가야 한다.

정답 : (C)

94

해석: 지렁이는 땅을 파고들어가 그 땅에 공기를 통하게 해 줌으로써 토양을 개선시켜준다.

해설: (B)의 접속사 as는 뒤에 절 구조를 취하는데, they라는 주어는 있으나 동사가 없다. 부정사 새 borrow를 borrow로 고칠 것.

정답 : (C)

95

해석: 어떤 종류의 양치식물들은 생김새가 나무를 닮았으며 또 일부는 너무 작아 마치 이끼처럼 보인다.

해설: < so 형/부 that 주+동 = 너무 ~해서 S는 V하다 > too~ that에서 too → so 로 고칠 것.

정답 : (C)

96

Although hazel trees are small, _____ branches are strong and flexible.

(A) and
(B) their
(C) so the
(D) but their

97

Mercury differs from other industrial metals _____ it is a liquid.

(A) whereas
(B) in that
(C) because of
(D) consequently

98

_____ relatively softly, the diesel engine is highly efficient and needs servicing infrequently.

(A) Even
(B) It is
(C) Even though
(D) There is

96

해석: 비록 개암나무들은 작을지라도, 그것들의 가지는 강하고 유연하다.

해설: < Although(양보의 부사절 접속사)+S+V+C, _____ S+V+C >구조. 부사절과 주절 사이에 comma로 연결되어 있는데, 이 때 두 절을 연결 할 때에는 등위접속사는 사용하지 않는다. 빈칸에 their를 넣어 주어를 their branches로 만들어 주면된다.

정답 : (B)

97

해석: 수은은 (그것이) 액체라는 점에서 다른 산업용 금속과 다르다.

해설: 빈칸을 중심으로 양쪽에 절이 있으므로, 빈칸에는 접속사가 필요하다. (C)와 (D)는 접속사 역할을 하지 못하며, 문맥상 in that(~라는 이유 때문에)이 적절하다.

정답 : (B)

98

해석: 비교적 비용이 많이 들지만, 디젤 엔진은 매우 효율적이며 정비를 필요로 하는 경우가 드물다.

해설: <_____ 형용사구, S+V+C and V+O+부사>구조의 문장. comma앞의 절은 접속사가 필요하므로 (C)가 적절. [원래 문장은 Even though it is relatively costly 였으나, 양보부사절의 주어가 주절 주어와 같아 **양보부사절의 주어와 be동사를 생략**한 형태]

정답 : (C)

99

Francis Preston Blair Jr., _____ born in Kentucky, lived and practiced law in Missouri.

(A) was
(B) he was
(C) although
(D) who he was

100

People's expectations for a higher standards of living increase _____.

(A) conditions in their community improve
(B) since conditions in their improving community
(C) conditions improve in their community
(D) as conditions in their community improve

101

Although more than one hundred elements are known, _____ they constitute more than 98 percent of the Earth's solid crust.

(A) that eight are so abundant
(B) so that eight are abundant
(C) eight are so abundant that
(D) eight that are so abundant

99

해석: Francis Preston Blair 2세는 비록 Kentucky주에서 태어났지만 Missouri주에 살면서 변호사일을 하였다.

해설: (A)는 동사가 중복되고 (B)는 등위접속사가 있어야 하며, (D)는 주격관계대명사 who가 쓰였으므로 관계사절 속 he가 불필요하다. (C)는 원래 although he was born in Kentucky 인데, 이때의 주어가 주절 주어와 같아 be동사와 함께 생략된 것이다.

정답 : (C)

100

해석: 보다 높은 생활수준에 대한 사람들의 기대는 그들의 사회여건이 개선되어짐에 따라 커진다.

해설: 뒤에 주어 동사 의 있으므로 접속사가 필요하고 이때 (-할수록 , -함에 따라) 라는 의미의 비례절을 이끄는 접속사 as 가 적격이다.

정답 : (D)

101

해석: 100개 이상의 원소들이 알려져 있으나 그중 8개가 매우 풍부하여 이들이 지각의 98%를 차지하고 있다.

해설: 총3개의 절이 있으므로 접속사는 2개가 필요한데 두 번째 접속사는 (매우-해서 -할 정도이다) 라는 의미의 정도절을 유도하는 so + 형용사, 부사 .. that 절이 문맥에 맞다.

정답 : (C)

102

A severe illness <u>where</u> she was <u>just</u> nineteen months old <u>deprived</u>
                      A   B   C
Helen Keller <u>of both</u> her sight and hearing.
                  D

103

<u>Methane</u> is <u>formed</u> when plants <u>decay</u> in places where <u>is</u> very
 (A)   (B)   (C)   (D)
little air.

104

When <u>slowly dried</u> and naturally, raisins are <u>high</u> <u>in</u> iron and <u>other</u>
        (A)   (B) (C)   (D)
minerals.

102

해석 Hellen Keller는 생후 13개월이 되었을 때 심한 병에 걸려 시력과 청력을 모두 잃었다.

해설 의미상 시간의 부사절이 와야 하므로 where를 when으로 고친다

정답 : (A)

103

해석 메탄은 매우 공기가 적은 곳에서 식물이 부패할 때 형성된다.

해설 where절은 장소의 부사절이어야 하므로 완전한 구조가 되어야 하고 의미상 있다 없다를 결정하는 유도부사 there 가 와야 한다.

정답 : (D)

104

해석 천천히 그리고 자연적으로 건조되면, 건포도는 철분과 다른 무기물질이 풍부하다.

해설 순서상 dried slowly 가 되어야 바로 뒤의 등위접속사 naturally 와 slowly를 연결할 수 있게 된다. when 과 dried 사이에는 they are 가 생략된 것으로 본다.

정답 : (A)

105

Jet propulsion can take place in a vacuum _____ to burn the engine's fuel.

(A) as long as is provided oxygen
(B) as long as oxygen is as provided
(C) long as oxygen as is provided
(D) as long as oxygen is provided

106

_____, colonists adapted English folk dances to fit any space and any number of participants.

(A) When dancing for informal recreation
(B) When they dancing for informal recreation
(C) When informal recreation was dancing for
(D) When they are dancing for informal recreation

107

The <u>working</u> conditions of railroad employees were <u>so</u> hazardous
    (A)   (B)
in the early days <u>what</u> private insurance companies refused
                     (C)
<u>to insure</u> the workers.
  (D)

105

해석 진공 상태에서 제트추진은, 엔진의 연료를 태우기 위해 산소가 공급되는 한, 일어날 수 있다.

해설 뒤에 절을 받았으므로 접속사와 와야 하는데 의미상 as long as를 써서 (-하는 한)을 완성시킨다.

정답 : (D)

106

해석 비공식적인 레크레이션을 위해 **춤출 때**, 식민지의 주민들은 어떤 공간이든지 그리고 어떤 숫자의 참가자에도 맞도록 영국포크댄스를 변형시켰다.

해설 when they were dadcing ... 이하에서 주어와 be 동사가 생략될 수 있다.

정답 : (A)

107

해석 초창기에는 철도 근로자들의 근로조건이 너무 위험해서 사설 보험회사들이 그 노동자들을 보험에 가입시키기를 거부했다.

해설 so 와 어울리는 접속사는 that ;-할 정도로 매우-한, -하게 (정도절)

정답 : (C)

108

The tilefish, _____ one of the oddest fish in the Atlantic Ocean, is nonetheless prized as a source of food.

(A) though sometimes deemed
(B) which sometimes deemed though
(C) though it sometimes deemed
(D) sometimes deemed though

109

_____, solar cells work well and operate for a very long time.

(A) By protecting from damage
(B) Because protected from damage
(C) If protected from damage
(D) When protection from damage

110

Studies of the gravity field of the Earth indicate that its crust and mantle yield _____.

(A) when unusual weight is placed on them
(B) that unusual weight is placed on them
(C) placed on them is unusual weight
(D) when is placed unusual weight on them

108

해석 tilefish는, 때때로 대서양에서 가장 괴상한 물고기중의 하나로 간주되지만, 그럼에도 불구하고 음식의 근원으로서 귀중하게 여겨진다.

해설 though it is sometimes deemed …에서 주어와 be 동사가 생략되었다.

정답 : (A)

109

해석 만약 피해로부터 잘 보호된다면, 태양전지는 제대로 일하며 오랜 시간동안 작동한다.

해설 if they are protected from… 구조에서 주어와 be 동사가 생략되었다.

정답 : (C)

110

해석 지구의 중력장에 관한 연구들은, 그것(지구)의 지각과 맨틀이, 특별한 무게가 그들에게 놓여질 때, 찌그러진다는 것을 보여준다.

해설 뒤의 절을 받을 수 있는 접속사가 와야 하고 의미상 (주어가 동사할 때) 가 적합하므로 시간의 부사절을 이끄는 접속사와 완전구조의 절이 와야 한다.

정답 : (A)

111

Jackie MacLean's recordings have shown that he is one of the few jazz musicians who style of playing has kept pace with the
  A   B   C

evolution of modern jazz.
    D

112

Jane Cowl was an early twentieth century actress _____ the most beautiful woman on the American stage.

(A) was called by critics
(B) critics called her
(C) whom critics called
(D) whom critics called her

113

Bearing a resemblance to a tornado, the dust devil is a spinning funnel of soil which _____ higher than a few hundred feet into the air.

(A) rarely reaches
(B) reach of rarely
(C) reaching rarely
(D) the reach rarely is

111

해석 | Jackie MacLean의 음반들은 그의 연주기법이 현대 재즈의 발전과 보조를 맞춰온 몇 안 되는 재즈 음악가들 중 한사람이라는 것을 보여주었다.

해설 | 주격관계대명사 who뒤에 동사가 없으므로 잘못된 구조. 관계사가 사용되기 전 문장은, (1) Jackie~~ jazz musicians. (2) His style of~~ modern jazz. 이었다고 볼 수 있고, 이 때 소유격 his가 생략되었으므로, 관계사는 whose를 사용해야 하는 것이다.

정답 : (B)

112

해석 | Jane Cowl은 비평가들이 미국 무대에서 가장 아름다운 여성으로 일컬었던 20세기 초의 여배우였다.

해설 | 선행사 actress를 수식하는 관계사절. 관계사절이 될 수 있는 것은 (C)와 (D)인데, (D)는 목적격 관계사절 속에 동사의 목적어가 생략되지 않고 남아 있으므로 잘못되었다.

정답 : (C)

113

해석 | 돌풍과 성격이 유사한 흙먼지 회오리바람은 그 높이가 공중으로 거의 수백피트에 이르는 회전하는 깔때기모양의 흙먼지이다.

해설 | which 이하의 관계사절을 완성시키는 문제. (B)와 (C)는 동사가 없으므로 부적절. 선행사 soil을 후치수식하는 주격관계사 which로 시작하는 절이 which+V 구조이어야 하는데 (D)역시 부적절. (A)의 rarely는 부사로 동사 reaches를 수식.

정답 : (A)

114

Unlike carbon monoxide, <u>which it</u> has no <u>odor</u>, hydrogen sulfide
　　　　　　　　　　　　　　A　　　　　　　B

<u>emits</u> a <u>powerful</u> stench.
　C　　　　　D

115

Anarchism is a term describing a cluster of doctrines and attitudes _____ principal uniting feature is the belief that government is both harmful and unnecessary.

(A) and
(B) whose
(C) since
(D) for

116

Algebra generalizes certain basic laws _____ the addition, subtraction, multiplication, and division of all numbers.

(A) govern
(B) that govern
(C) have governed
(D) which they govern

114

해석 냄새가 전혀 없는 일산화탄소와는 달리 황화수소는 강한 악취를 풍긴다.

해설 관계사절 내에 타동사 has의 목적어가 있으므로, which는 주격관계 대명사이다. 주격관계대명사 which 뒤에 동사가 오지 않고, 주어의 역할을 하는 it가 왔으므로 (A)의 it를 없애야 옳은 문장이 된다.

정답 : (A)

115

해석 무정부주의는 그 주된 공통적 특징이 정부는 해로운 것이며 동시에 불필요한 것이라는 신념을 지닌 일단의 원리와 자세를 기술한 용어이다.

해설 제시문을 원래의 두개의 독립된 문장으로 나누면, (1)Anarchism is a term~~and attitudes. (2)Its principal uniting feature~~and unnecessary. 라고 볼 수 있는데, 이것이 한 문장으로 합쳐질 때, Its가 생략되었으므로 관계대명사는 whose를 사용한다.

정답 : (B)

116

해석 대수는 모든 수의 가감승제를 지배하는 일정한 기본 법칙들을 일반화한다.

해설 선행사 laws 뒤에 주격관계사절이 오는 구조. (D)는 which S+V 구조로서 which가 목적격관계대명사가 되어 버린다. < the addition~~을 지배하는 기본 법칙들 > 이라고 해야 의미가 자연스러우므로 선행사 laws가 주어가 되는 (B)가 적절.

정답 : (B)

117

All of the plants how raised on farms have been developed from plants _____ wild.

(A) once they grew
(B) they grew once
(C) that once grew
(D) once grew

118

Any meat <u>what</u> <u>has been preserved</u> <u>by drying</u> is <u>called</u> 'jerky'.
           A   B   C   D

119

A hologram is a pattern <u>usually</u> made on <u>film in that</u> can <u>create</u>
                              A   B   C
a three-dimensional <u>image</u> of a scene.
                      D

117

해석: 현재 농장에서 재배되는 모든 식물들은 예전에는 야생으로 자라던 식물에서 개량된 것이다.

해설: (A)와 (B)는 독립된 절로 접속사 없이 문장 내에 절이 2개가 생기므로 옳지 않다. (D)가 빈칸에 들어가면 동사가 두개가 되어 버리므로 (C)가 가장 적절하다. 이 때, that은 주격 관계대명사

정답 : (C)

118

해석: 어떤 고기든 건조법에 의해서 보관된 고기는 '육포'라고 한다.

해설: 문장 전체의 동사인 is called 앞에 주어가 명사구(Any meat)와 명사절(what~~)이 중복되어 있어서 잘못되었다. 명사절을 주격관계사절로 바꾸어 Any meat를 수식하는 구조로 바꾸면 된다. 사물 선행사가 any의 수식을 받으면 that을 쓴다.

정답 : (A)

119

해석: 홀로그램이란 일반적으로 3차원적인 영상을 만들 수 있는 필름위에 제작된 (영상)형식을 말한다.

해설: 관계대명사 that 뒤에 동사가 곧바로 쓰인 것으로 보아 that은 주격 관계 대명사이다. 따라서 that 앞에 전치사 in은 쓸 수 없다. film in that → film that으로 고칠 것.

정답 : (B)

120

Much of _____ about the behavior of porpoises has come from observations made at Sea World in Florida.

(A) report what is
(B) what is it reported
(C) what is reported
(D) it reports what

121

_____ about Emily Dickinson's psychological and emotional well-being is inferred from her poems and letters.

(A) What is known
(B) To be known
(C) Knowing is
(D) Known

122

Oceanographers try to find out _____ marine organisms live in relation to one another and to their environment.

(A) it
(B) do
(C) how
(D) first

120

해석 돌고래들의 행태에 대해 알려진 것의 대부분은 Florida에 있는 수족관에서 이루어진 관찰로부터 나온 것이다.

해설 전치사 of 뒤에 의문문인 (B) 또는 독립된 절인 (D)는 사용할 수 없고, (A)는 전치사 of의 목적어가 report와 what으로 시작하는 관계사절의 두 개가 되어 버리므로 부적절하다. 선행사를 포함하는 관계사절인 what is reported가 적절.

정답 : (C)

121

해석 Emily Dickinson의 심리적, 정서적 행복에 대해 알려져 있는 것은 그녀가 쓴 시와 편지들에서 추론된 것이다.

해설 is known 과 is inferred 의 공통의 주어가 필요하므로 선행사를 포함하는 관계대명사.

정답 : (A)

122

해석 해양학자들은 바다의 유기체들이 상호간에 그리고 환경에 대해 어떤 방식으로 관계를 맺으며 살고 있는가를 밝혀내려고 한다.

해설 뒤에 완전한 구조의 절이 왔으므로 접속사 how 가 명사절을 유도한다.

정답 : (C)

123

The famous artist <u>painted with</u> exacting technique a strange world
                        A

<u>in where</u> objects <u>such as</u> bones and rocks are <u>grouped in</u> fantastic
   B   C   D

structures.

124

Like other insectivorous plants, sundews <u>grow well</u> in bogs and
                                              A

swamps, where <u>is there</u> <u>little</u> nitrogen in <u>the soil</u>.
                   B   C   D

125

Unfortunately, there are _____ will probably not respect the arbiter's decision.

(A) of whom
(B) whoever
(C) which
(D) those who

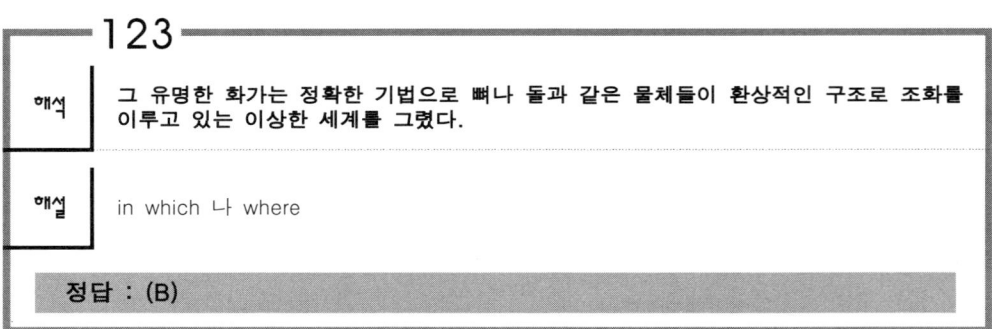

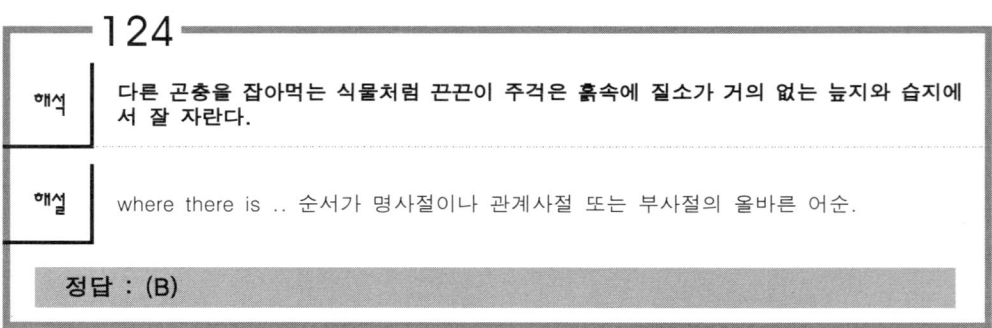

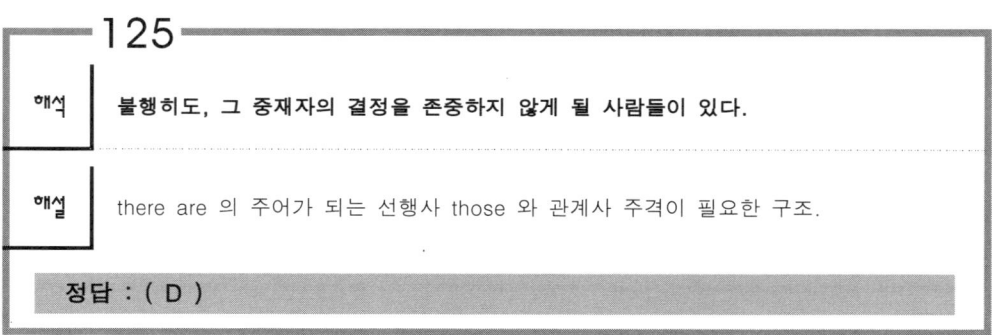

126

The dialogue between the two men, both of _____ knew nothing about the topic at hand, was full of pointless rhetoric.

(A) whom
(B) that
(C) which
(D) since

127

Based on what I learned at our meeting, I have referred him to a local company _____ operation is more in line with his qualifications.

(A) which
(B) who
(C) whose
(D) whom

128

The government had established shipping center _____ to ship the processed goods.

(A) to that
(B) to which
(C) for which
(D) from which

126

해석: 그 두 사람간의 대화는 그들 둘 다 해당주제에 대해 제대로 아는 것이 없었기 때문에 의미 없는 수사학으로 가득 차 버렸다.

해설: the two men을 선행사로 하는 관계대명사 whom 이 앞에 both of 의 목적어로 사용되어 뒤에서 전명후치로 앞의 both를 꾸미는 꼴이 되었다. 이 경우는 반드시 콤마를 찍은 후 사용되며 관계사절의 구조를 따로 분리하지 않는다.

정답 : (A)

127

해석: 우리의 만남에서 내가 알았던 것을 근거로 하여 나는 그를 그지역의 회사에 언급, 즉 추천해 주었는데 그 회사의 업무가 그의 전공자격과 훨씬 더 어울리는 것이다.

해설: local company를 선행사로 하고 뒤의 operation을 받아주는 소유격 관계사 whose를 사용하였다.

정답 : (C)

128

해석: 행정부는 가공된 물건들을 운송하는 운송센터를 설립했다.

해설: 원래 to ship from 구조가 되어 앞의 center를 꾸미는 부정사 후치수식인데 전치사의 목적어 관계가 되면 전치사를 앞으로 뽑고 관계대명사 whom 이나 which 등을 쓴다.

정답 : (D)

129

The committee asked to meet with the chairman to let him know _____ they thought of the campaign.

(A) if
(B) as
(C) who
(D) what

130

_____ used the photocopier last forgot to turn it off.

(A) Who
(B) Whom
(C) Whoever
(D) Whomever

131

Farmers grow popcorn in much the same way _____ field corn, except that the rows are planted closer together.

(A) that they grow
(B) that grow
(C) they grow it
(D) do they grow

129

해석: 위원회는 회장을 만나서 그에게 그들이 그 정치캠페인에 대해 어떻게 생각하는지를 알려주고 싶었다.

해설: know 의 목적어와 뒤에서 동사 thought 의 목적어의역할을 동시에 수행하려면 선행사를 포함하는 관계대명사 what 이 정답

정답 : (D)

130

해석: 그 복사기를 마지막으로 사용한 사람이 그것을 끄는 것을 잊었다.

해설: 여기서는 그 사람이 누군지 모르므로 whoever를 사용하여 선행사 anyone 과 who 로 합성하여 해석한 것이다. 참고로 whoever가 명사절을 유도하면 항상 anyone who 로 나누어서 생각하라.

정답 : (C)

131

해석: 농부들은 고랑과 이랑을 좀더 가깝게 해서 심는 외에는 옥수수 재배와 거의 동일한 방식으로 팝콘을 재배한다.

해설: 여기서는 the way 뒤의 that 은 관계부사 how 의 대용어이다 뒤에 완전한 구조의 절을 받았으므로 관계부사로 본다 이것은 in which 로 대용될 수 있다.

정답 : (A)

132

Translating sacred texts has always been an important means by which _____ to posterity.

(A) are their culturally transmitted values
(B) transmit their values some cultures
(C) some cultures their values transmit
(D) some cultures transmit their values

133

By tracking the eye of a hurricane, forecasters can determine the speed at which _____.

(A) is a storm moving
(B) a storm is moving
(C) is moving a storm
(D) a moving storm

134

A dominant animal is best defined as one _____ actions are not constrained by possible responses of its fellows.

(A) with
(B) whose
(C) that its
(D) where its

132

해석 경전을 번역하는 것은 일부 문화권에서는 그들의 가치관을 후손에게 전달하는 중요한 수단이 되어 왔다.

해설 by which 뒤는 완전한 구조의 절이 와야 한다. 관계사는 이미 전치사의 목적어로 사용되었으므로 더 이상 관계사절 내에서 역할이 없음을 주의하라.

정답 : (D)

133

해석 허리케인의 눈을 추적함으로써 기상 예보관은 폭풍우의 이동 속도를 측정할 수 있다.

해설 22번과 같은 이치로 전치사 at 의 목적어로 이미 관계대명사가 사용되었으므로 뒤는 완전한 구조의 절이 와야 한다.

정답 : (B)

134

해석 지배적 동물에 대한 최상의 정의는 그 행동이 주변 동물들이 보여 줄만한 반응에 제한 받지 않는 동물이라는 것이다. 즉 주변동물들의 반응들에 개의치 않고 행동한다.

해설 선행사는 one 이며 뒤에서 명사 action을 꾸미면서 소유격의 의미로 사용되기 위해서는 소유격 관계사를 사용해야한다.

정답 : (B)

135

The prime rate is the rate from which banks lend money to their
     A   B   C

best customers.
   D

136

The Tartar chief controls a thousand men, all of which must obey
                A   B

his orders in both war and peace.
 C   D

137

The novels of Richard Wright still serve as a yardstick in which
    A   B   C

black novelists of the United States are measured.
                                  D

135

해석 최우대 금리는 은행들이 최우수 고객에게 돈을 대출 해주는 금리이다.

해설 의미상 그 금리로 돈을 대출하므로 at the rate 가 타당하며 따라서 at which.

정답 : (B)

136

해석 타타르족의 추장은 천 명의 부하들을 통솔하는데, 그들은 모두 전시와 평화시에 그의 명령에 복종한다.

해설 선행사가 의미상 그 앞의 천명의 부하들이므로 all of whom 이 적합하다. 이구조는 반드시 컴마 다음에 오며 관계사절을 분리하지 못한다.

정답 : (B)

137

해석 Richard Wright의 소설들은 아직도 미국의 흑인 소설가들의 가치를 판단하는 척도로써 역할을 하고 있다.

해설 의미상 by which 나 with which 가 적합하다. 그 척도를 사용하여 평가하므로.

정답 : (C)

138

Our understanding <u>of the</u> past is based <u>on</u> written records, oral
                   (A)   (B)

traditions, and physical evidence, <u>all of them</u> must <u>be</u> interpreted.
                               (C)   (D)

139

Living up to basic ethical standards in the classroom is one of the most important ways _____ in society at large.

(A) that children learn how to function
(B) to learn children how to function
(C) in that children learn how to function
(D) how to function that children learn

140

A rabbit moves about by hopping on its hind legs, _____ its front legs.

(A) which they are much longer and stronger than
(B) which are longer and more stronger than
(C) which are much longer and stronger than
(D) which they are much longer than stronger

138

해석 과거에 관한 우리의 이해는 세 가지 (글로 쓰여 진 기록, 구전의 전통, 물리적인 증거)에 근거를 두며, 그들 모두는 해석 되어야만 한다.

해설 선행사는 앞의 것 3가지 이므로 관계사를 사용해서 them 이 아니라 which를 쓴다.

정답 : (C)

139

해석 교실에서 기본적인 윤리 기준에 맞춰서 생활하는 것은, 아이들이 대체적으로 사회에서 어떻게 기능해야 하는지를 배우는 가장 중요한 방법들 중의 하나이다.

해설 앞에 선행사 way 가 있고 뒤는 완성구조의 절이므로 관계부사 how 의 대용어인 that 이 정답

정답 : (A)

140

해석 토끼는 그의 뒷다리로 껑충껑충 뜀으로써 돌아다니는데, 그것(뒷다리)은 그의 앞다리보다 더 길고 더 강하다.

해설 의미상 관계사 주격을 써야 하고 비교급을 제대로 구사해야 한다

정답 : (C)

141

There are many copper mines in the state of Arizona, _____ to the state's economy.

(A) a fact which contributes significantly
(B) which is a fact contributes significantly
(C) while a fact contributes significantly
(D) there is a fact contributing significantly

142

Algonkian-speaking Native Americans greeted the Pilgrims who
                                                                (A)
settled on the eastern shores of which is now New England.
 (B)   (C)   (D)

143

George Gershwin was an American composer _____ the sounds of jazz with those of traditional orchestration.

(A) that concert works joined
(B) whose concert works joined
(C) who concert works joined
(D) whom concert works joined

141

해석: 애리조나주에는 많은 구리 광산이 있는데, 이것은 그 주의 경제에 대단히 기여하는 하나의 사실이다.

해설: 동격의 명사를 달고 그 명사뒤에 관계사절로 의미를 보충하였다.

정답 : (A)

142

해석: Algonkian 언어를 말하는 북미의 원주민들이 지금의 New England 인 곳의 동해안에 정착했던 그 순례자들을 환영했다.

해설: 전치사 of의 목적어와 is 의 주어 역할을 동시에 하는 선행사를 포함하는 관계대명사 what 이 사용되어야 한다.

정답 : (D)

143

해석: George Gershwin은 그의 연주회 작품들이 재즈의 소리와 전통적인 관현악의 소리를 결합시켰던 미국의 작곡가였다.

해설: 관계사절의 동사가 joined이므로 앞에 주어에 해당하는 말이 있어야 한다 따라서 whose + 명사가 주어가 된다.

정답 : (B)

144

The old statehouse in Annapolis, Maryland, built in 1772, overlooks the quiet streets _____.

(A) that radiate from it like the spokes of a wheel
(B) and radiates from it like the spokes of a wheel
(C) radiates from it like the spokes of a wheel
(D) that is radiate from like the spokes of a wheel

145

A good hypothesis not only takes into account available data but also generates predictions _____.

(A) that it may be tested
(B) by which it may be tested
(C) which may be tested it
(D) it may be tested

146

Produced in an era _____, Susan Warner's *The Wide Wide world* was for years extremely popular both in the United States and abroad.

(A) when the sentimental and moralistic public taste favored
(B) when public taste favored the sentimental and moralistic
(C) favoring public taste the sentimental and moralistic
(D) when favored the sentimental and moralistic public taste

144

해석 : 1772년에 건설된, Maryland 주 Annapolis 시의 옛날 주청사는, 그것(청사)으로부터 바퀴의 살처럼 뻗어나가는 그 조용한 길들을 바라보고 있다.

해설 : 앞의 조용한 도로들을 선행사로 하여 뒤에서 관계사절이 수식해야 하고 관계사 주격 다음에 동사를 사용하는 구조이어야 한다.

정답 : (A)

145

해석 : 좋은 이론은, 이용 가능한 자료들을 고려할 뿐만 아니라, 그 이론이 테스트될 수 있는 예측들을 생산한다.

해설 : 예측들이 그 이론을 테스트하므로 수동이 되면 예측들에 의해 이론이 테스트된다고 보아야 한다. it may be tested by the predictions에서 관계사화 되었다.

정답 : (B)

146

해석 : 대중들의 취향이 감상적인 것과 도덕적인 것을 선호했었던 한 시대에 생산된, Susan Warner의 작품 The Wide Wide World 은 수 년 동안 미국과 해외에서 극히 인기 있었다.

해설 : 앞의 era를 수식해주는 관계사절이 있어야 하는데 뒤의 구조가 완성이므로 관계부사 when 이 합당하다.

정답 : (B)

147

Many English settlers _____ moved to Canada, where they were known as United Empire Loyalists.

(A) who were opposed to the American Revolution of 1776
(B) were opposed to the American Revolution of 1776 while
(C) whose opposition to the American Revolution of 1776
(D) that opposed to the American Revolution of 1776 and

147

해석 1776년 미국의 독립전쟁에 반대했던 많은 영국의 정착자들은 캐나다로 이주했다. 그리고 거기서 그들은 <대영제국의 충성주의자들>이라고 알려졌다.

해설 앞의 선행사를 수식하는 관계대명사절이 필요한데 의미상 관계사 주격이 오고 그 뒤에 동사가 와야 한다.

정답 : (A)

148

Health <u>experts</u> say that a brief, spirited <u>walk</u> is a <u>good</u> way for
    A   B   C

people <u>fight</u> midday fatigue and restore their energy.
   D

149

_____ is to arrange them in groups or sequences according to a plan.

(A) Things classified
(B) In classifying things
(C) As classification of things
(D) To classify things

150

<u>Due to</u> the refraction of light rays, <u>this</u> is impossible for the naked
 A   B

eye <u>to determine</u> the exact location of a star <u>close</u> to the horizon.
   C   D

148

해석: 건강 전문가들은 잠깐 동안의 활기찬 산책이 한낮의 피로를 이기고 원기를 회복할 수 있는 좋은 방법이라고 말한다.

해설: 앞의 way를 수식하는 방법으로 부정사를 채택하고 그 앞에 의미상의 주어를 for + people을 잡아도 되고 또는 way를 수식하는 전명구를 채택하여 fighting 으로 동명사 목적어를 취하고 앞의 people을 동명사의 의미상 주어로 보아도 된다.

정답 : (D)

149

해석: 사물을 분류하는 것은 계획에 따라 통합하거나 순차적으로 정렬하는 것이다.

해설: is 의 주어가 있어야 하는데 의미상 행위가 주어가 되어야 한다. 행위를 주어로 잡는 방법은 부정사와 동명사 두가지.

정답 : (D)

150

해석: 광선의 굴절 때문에 육안으로 지평선 가까이에 있는 별의 정확한 위치를 알아내는 것은 불가능하다.

해설: 뒤의 부정사가 실질적인 주어인데 뒤로 빠져 있는 것으로 보아 가주어 진주어 구조를 채택하였다. 가주어 자리에는 it를 사용한다.

정답 : (B)

151

The Cubists were concerned with how _____ a given subject from different points of view simultaneously.

(A) represented
(B) do they represent
(C) to represent
(D) representing

152

In 1924 Nellie Tayloe Ross of Wyoming became the first woman _____ elected governor in the United States.

(A) was
(B) was to
(C) she was
(D) to be

153

An innovator, ballerina Augusta Maywood was _____ a traveling company.

(A) to form the first
(B) the first to form
(C) who formed the first
(D) forming the first

151

해석 입체파 화가들은 주어진 제재를 각기 다른 관점에서 동시에 재현하는 방법에 관심을 가지고 있었다.

해설 how 다음에 걸릴 수 있는 구조는 부정사 아니면 절구조 둘중하나이다.

정답 : (C)

152

해석 1924년 Wyoming주의 Nellie Tyloe Ross 는 미국에서 선거에 의해 선출된 최초의 여성 주지사가 되었다.

해설 who was elected …의 의미를 대용할 수 있는 구조는 부정사 후치수식이다.

정답 : (D)

153

해석 발레리나 Augusta Maywood는 혁신적인 무용가로 순회무용단을 만든 최초의 인물이었다.

해설 the first who (that) formed a traveling company 의 의미를 대용할 수 있는 것은 부정사 후치수식이다.

정답 : (B)

154

_____ large-scale weather patterns, meteorologists must measure the constantly changing conditions in the atmosphere.

(A) predicted
(B) To predict
(C) Unpredictable
(D) Predictions not of

155

The <u>techniques</u> of ballet are designed <u>displaying</u> the human body
      A   B
in the most <u>elegant</u> and <u>harmonious</u> way possible.
            C   D

156

<u>According to</u> art consultant Maeve Bee, <u>selects</u> works of art
    A   B
<u>for display</u> is <u>neither</u> an easy task nor a glamorous occupation.
   C   D

154

해석 광범위한 기후 패턴을 예측하기 위하여 기상학자들은 계속적으로 변화하는 대기 상태를 측정해야만 한다.

해설 [-하기 위하여] 구조로 문두에서 사용하는 것은 부정사이다.

정답 : (B)

155

해석 발레의 기술은 인체를 가능한 가장 우아하고 조화롭게 보이도록 하기위해 고안된 것이다.

해설 to display 혹은 for displaying 이어야 한다.

정답 : (B)

156

해석 미술고문 Maeve Bee에 따르면 전시용으로 미술품을 선택하는 것은 쉽지도 매력적인 작업도 아니라고 한다.

해설 주어가 되기 위해서는 부정사나 동명사를 채택해야 한다. To select 혹은 Selecting.

정답 : (B)

157

The corporate group has decided reorganizing its operations
    A   B
into five business sectors as of September 1st.
      C   D

158

It is possible _____ a lot of money for only a very small computer.

(A) spending
(B) to spend
(C) having spent
(D) to be spending

159

The Internet has _____ consumers to choose from a variety of devices to access information and technology anywhere at any time.

(A) enriched
(B) endowed
(C) enabled
(D) enacted

157

해석 그 사업체는 9월 1일자로 주요 영업부문을 5가지로 재편성하기로 결정했다.

해설 -하기로 결정하다 구조는 decide to 부정사 이다.

정답 : (B)

158

해석 매우 작은 컴퓨터를 구매하기 위해서도 많은 돈을 사용하는 것이 가능한 일이다.

해설 가주어 진주어 구조를 채택하고 있다. it .. to 부정사

정답 : (B)

159

해석 인터넷은 소비자가 언제 어디에서라도 정보와 기술에 접근할 수 있는 다양한 장치들로부터 선택하는 것을 가능하게 해 주었다.

해설 의미상 목적어가 -하는 것을 가능하게 하다에서 사용되는 동사는 enable .

정답 : (C)

160

He _____ me to apply for the job.

(A) made
(B) bought
(C) encouraged
(D) discussed

161

Egyptian archaeologists claim _____ an ancient city buried in the desert near the town of Qara.

(A) found
(B) to found
(C) to be found
(D) to have found

162

John Lone's physical grace and _____ age, sex, and culture make him an extraordinary performer.

(A) his ability to transcend
(B) his able to transcend the
(C) the transcending ability
(D) with his ability transcending

160

해석 그는 내가 그 직업에 지원하도록 용기를 주었다.

해설 [목적어가 -하도록 용기를 주다] 라는 구조를 사용하면 encourage. 참고로 다른 동사는 5형식구조로는 잘 쓰지 않는다.

정답 : (C)

161

해석 이집트 고고학자들은 그들이 Qara 시 근처의 사막에 묻혀있던 고대 도시를 발견했다고 주장한다.

해설 주장하다의 시점보다 발굴이 먼저 있었으므로 완료부정사를 사용한다.

정답 : (D)

162

해석 John Lone의 우아한 외모와 나이, 성, 문화를 초월하는 그의 능력이 그를 비범한 연기자로 만든다.

해설 and 는 physical grace 와 his ability를 연결하고 뒤의 부정사는 앞의 ability를 후치수식한다.

정답 : (A)

163

Space exploration is <u>so costly</u> that <u>no single</u> nation <u>can</u> hope
                           A   B   C
<u>sustaining</u> a major program indefinitely.
   D

164

After the great blizzard of 1888 in the northeastern United States, it took some _____ the snow away from their homes.

(A) days to shovel people several
(B) people several days to shovel
(C) several days people to shovel
(D) people to shovel several days

163

해석 우주 탐사계획은 비용이 너무 많이 들어 어떤 한 국가가 단독으로 주요한 프로그램을 무한정 유지해나갈 수 없다.

해설 hope 동사뒤에 행위를 소망하기 위해서 부정사를 목적어로 받는다.

정답 : (D)

164

해석 1888년 미국 북동부 지역에 대폭설이 있은 후 일부 주민들은 집 앞의 눈을 치우는데 사나흘씩 걸렸다.

해설 take 동사가 4식으로 사용되어 뒤에 간접과 직접목적어를 나란히 받았는데 직접목적어 자리에 시간이 오면 [주어는 -에게 -의 시간을 소요시키다] 라는 의미가 된다. 이때 주어가 부정사이면 보통 가주어 진주어 구조를 사용한다.

정답 : (B)

165

Most <u>measurements</u> <u>involve</u> <u>to read</u> some type <u>of scale</u>.
            A   B   C   D

166

A complete biography of a person's life is not written by merely _____ in chronological order.

(A) the pertinent facts are to be listed
(B) listing the pertinent facts
(C) list of the pertinent facts
(D) when the pertinent facts are listed

167

<u>Situated</u> in the heart of a grain farming and livestock-raising <u>region</u>,
  A   B
Abilene, Kansas, is a <u>prosperous</u> trading and <u>distribute</u> center.
                           C   D

165

해석 대부분의 측정은 어떤 유형의 눈금을 읽는 작업과 연관되어 있다.

해설 involve 라는 동사는 목적어로 부정사를 받지 않고 동명사를 받아서 -과 연관되다, -을 수반하다 라는 의미로 사용된다

정답 : (C)

166

해석 한 사람의 일생에 대한 완벽한 전기는 연대순으로 단지 적절한 사실을 열거한다고 해서 쓰여 지는 것은 아니다.

해설 by -ing ; -함으로써,

정답 : (B)

167

해석 Kansas의 Abilene은 곡식농사와 가축재배지역의 중심부에 위치하고 있는데 번영하는 교역과 유통의 중심지이다.

해설 등위접속사가 trading and distributing center 라고 해야만 [교역과 유통의] 중심지

정답 : (D)

168

Having the sole distribution rights for Canada _____ you an excellent opportunity to build a profitable business.

(A) gives
(B) giving
(C) which gave
(D) that had given

169

Mr. Kuroda remembers <u>to mail</u> the package yesterday <u>when</u> he
                             A   B
<u>stopped</u> by the post office on his way <u>to work</u>.
  C   D

170

Now Russia has recognized South Korea, stopped _____ arms to the North Korea and demanded hard currency.

(A) supply
(B) to supply
(C) supplying
(D) being supplied

168

해석: Canada 에 대한 독점 공급권을 갖는다는 것은 당신에게 이득을 남기는 사업체를 건설할 기회를 준다.

해설: 동명사부가 주어이고 동사가 필요하며 동명사는 3인칭 단수로 취급하므로 gives

정답 : (A)

169

해석: Mr. Kuroda 는 어제 그가 직장에 가는 길에 우체국에 들렸을 때 그 소포를 부친 것을 기억하고 있다.

해설: 과거에 한 행위를 기억하다 = remember + ing

정답 : (A)

170

해석: 이제 Russia 는 남한을 인정하고 북한에 무기 공급하는 것을 중단했으며 경화 (금속화폐 또는 국제적으로 교환이 가능한 통화)를 요구했다

해설: -하는 것을 중단하다 = stop + ing

정답 : (C)

171

Aurelia <u>did not have</u> time <u>to go</u> to the concert last night because she
　　　　　　A　　　　　　　　B

was so busy <u>to prepare</u> <u>for her trip</u> to Brazil and Chile.
　　　　　　　　C　　　　　　　D

172

The <u>boiled</u> point of any <u>liquid</u> is <u>determined</u> by the <u>pressure</u> of the
　　　A　　　　　　　　B　　　　　C　　　　　　　　D

surrounding gases.

173

According to the manufacturer, the new generator is capable of
_____ the amount of power consumed by our facility by nearly ten
percent.

(A) reduced
(B) reducing
(C) reduce
(D) reduces

171

해석: Brazil과 Chile로 갈 여행준비 하느라 바쁜 나머지 Aurelia는 지난 밤 연주회에 갈 시간이 없었다.

해설: -하느라고 바쁘다 = be busy + ing (이럴때 ing 는 분사구문임)

정답 : (D)

172

해석: 어떤 액체든 비등점은 주변의 기압에 의해서 결정된다.

해설: 비등점 = boiling point (끓는 점) , 빙점 = freezing point (어는 점)

정답 : (A)

173

해석: 제조업자에 따르면, 새 발전기는 우리 시설에서 소비되는 전력의 양을 거의 10퍼센트까지 줄일 수 있다.

해설: 빈 칸 뒤에 있는 명사 the amount의 역할이 <타목>이 되기 위해서는 빈칸에는 타동사가 와야 한다. 전치사의 목적어로는 명사, 대명사, 동명사만이 올 수 있으므로, 타동사 reduce는 동명사인 reducing으로 써 주어야 한다.

정답 : (B)

174

Mrs. Kawabata is ready to see you now. Thank you for _____.

(A) wait
(B) waiting
(C) waited
(D) to wait

174

| 해석 | 이제 Kawabata 씨가 당신을 만날 준비가 되었습니다. 기다림을 감사드립니다. |

| 해설 | 빈칸에는 전치사 for의 목적어가 될 수 있는 동명사인 waiting이 온다. |

정답 : (B)

175

Taconite, a flintlike <u>rock</u> found <u>main</u> in <u>northern</u> Minnesota, contains
　　　　　　　　　　　 A　　　　　　B　　　　　C

<u>approximately</u> 30 percent iron.
　　D

176

During the Middle Ages, _____ notices kept groups of nobles informed of important events.

(A) hand-written
(B) hand-writing
(C) hands wrote them
(D) they were written by hand

177

The application of electronic controls made _____ by the microprocessor and computer storage have multiplied the uses of the modern typewriter.

(A) it possible
(B) possible
(C) it is possible
(D) possibility

175

해석 Minnesota 북부 지역에서 주로 발견되는 부싯돌과 유사한 암석인 타코나이트 철광석은 약 30%의 철을 함유하고 있다.

해설 주로 미네소타 북부에서 발견되어지는 암석 - 이 구조에서 [주로] 는 부사이어야 한다. 따라서 main을 mainly 로.

정답 : (B)

176

해석 중세에는 필사(筆寫)통지로 귀족 간에 중요한 사건의 연락이 취해졌다.

해설 [명사] 에 의해 - 된 = 명사-pp ; hand-made, home-cooked, ivy-covered...

정답 : (A)

177

해석 소형 중앙처리장치에 의해 가능해진 전자제어장치의 응용과 컴퓨터 용량으로 현대 타자기의 효용이 배가되었다.

해설 made possible by 이하는 pp+알파의 후치수식분사 ; 이 형태는 5형식구조가 수동화되어서 생성되었다. S + make + O + possible = O + be made + possible + by S 여기서 pp 와 그 뒤의 부분만을 따서 분사후치수식어구로 만듦.

정답 : (B)

178

Closed plane figures like the square or the equilateral triangle can be grouped into a class _____ polygons.

(A) called
(B) to call
(C) is called
(D) call as

179

Football and baseball _____ played in the United States today are basically modifications of games that originated in England.

(A) as
(B) are
(C) being
(D) that

180

A newborn <u>blue whale</u> weighs <u>over</u> six <u>tons</u>, or as much as a
              A   B   C
<u>full-grow</u> elephant.
    D

178

해석: 정사각형이나 이등변 삼각형처럼 닫힌 평면은 다각형이라 불리는 군(群)으로 분류될 수 있다.

해설: called polygons 가 pp + 알파 후치수식구조로 [다각형으로 불리우는]

정답 : (A)

179

해석: 오늘날 미국에서 행해지는 축구와 야구는 기본적으로 영국에서 시작된 게임들의 수정판이다.

해설: being 이하가 분사후치수식구조로 앞의 명사를 수식하고 있다.

정답 : (C)

180

해석: 갓 태어난 청색 고래는 무게가 6톤, 그러니까 다 자란 코끼리의 무게만큼 된다.

해설: [다 자란] = full grown

정답 : (D)

181

Air law is <u>defined as</u> the body <u>of law</u> directly or indirectly
                A   B

<u>is concerned</u> with <u>civil</u> aviation.
    C   D

182

Throughout her career Georgia O'Keeffe paid meticulous attention to her craft: her brushes were always clean, _____.

(A) her colors fresh and bright
(B) her colors were fresh and bright
(C) her fresh and bright colors
(D) because her colors fresh and bright

183

Charlotte Perkins Gilman is known primarily as an author of short stories, but she also wrote an influential book _____.

(A) argued for equal economic opportunities for women
(B) arguing for equal economic opportunities for women
(C) that for women equal economic opportunities for arguing
(D) that was argued for equal economic opportunities for women

181

해석: 항공법은 직접 혹은 간접적으로 민간항공 부문과 관련된 법체계로 정의된다.

해설: the body of law를 뒤에서 꾸미는 말이어야 하므로 본동사가 되어서는 안되고 pp 후치로 가야 하므로 is를 뺀다

정답 : (C)

182

해석: 그녀의 직업에서 처음부터 끝까지 George O'keeffe는 자신의 미술작업에 세심한 관심을 기울였다. 즉 그녀의 붓들은 항상 깨끗했으며 그녀의 색깔들은 생생하고 밝았다.

해설: 두 개의 절이 접속사 없이 연결될 수 없으므로 하나를 분사구문으로 처리하되 주어끼리 서로 다르므로 주어를 써주고 being fresh and bright에서 being + 보어에서 being 이 생략되는 규칙에 따라 주어와 보어만 남았다.

정답 : (A)

183

해석: Charlotte Perkins Gilman은 주로 단편 작가로서 알려져 있다, 그러나 그녀는 역시 여성들을 위해 동등한 경제적 권리를 주장하는 영향력 있는 책도 썼다.

해설: arguing for .... 이하가 앞의 books를 꾸미는 ing + 알파 후치수식구조이다

정답 : (B)

184

Despite an exceptionally small rice harvest, analysts predict that the Tarvo Republic will not need to rely on _____ staple foods this year.

(A) import
(B) imports
(C) imported
(D) importer

185

The first year's sales of the new calculator were so _____ that the firm decided to withdraw it from the market.

(A) discouragement
(B) discourage
(C) discouraging
(D) discouraged

186

All passengers <u>must present</u> their boarding passes <u>to</u> the <u>designate</u>
　　　　　　　　　(A)　　　　　　　　　　　　　　　　　　(B)　　　　(C)
agent <u>at</u> the airport gate.
　　　(D)

184

해석: 예외적으로 적은 벼 수확에도 불구하고, 분석가들은 Tarvo 공화국이 올해 수입된 주식(主食, 농산물)에 의존할 필요가 없을 것이라고 예측한다.

해설: 자동사+전치사로 이루어진 타동사구 rely on에서 전치사 on의 목적어로서 _____ staple foods 가 사용되었다. 이 때, 명사인 staple foods를 꾸며줄 수 있는 것은, 형용사역할을 하는 분사 imported 이다.

정답 : (C)

185

해석: 신형 계산기의 첫 해 매출이 워낙 저조해서(좌절시키는=좌절스러운=실망스러운) 회사는 시장에서 그것(계산기)을 회수하기로 결정했다.

해설: 주어인 The first year's sales를 서술할 보어가 필요하다. 이때 동사 discourage는 discouraging 이라는 현재분사로 쓰여야 형용사 주격보어역할을 하게 된다.

정답 : (C)

186

해석: 모든 승객은 공항 탑승구에서 지정된 직원에게 탑승권을 제시해야 한다.

해설: 정관사 the 와 명사 agent 사이에 있는 (C)부분은 agent를 수식할 수 있는 말이어야 한다. 따라서 동사원형은 사용할 수 없고, designated의 형태로 고쳐야 한다.

정답 : (C)

187

Excellent special effects and an interesting plot made the action adventure movie quite _____.

(A) excitement
(B) exciting
(C) excitedly
(D) excited

188

The satellite photographed a _____ moon in orbit around Saturn.

(A) previous undetecting
(B) previously undetecting
(C) previous undetected
(D) previously undetected

189

The work orders have been _____ to the production department.

(A) released
(B) reduced
(C) remarked
(D) resisted

187

해석 훌륭한 특수효과와 흥미로운 구성이 그 액션 어드벤처 영화를 매우 흥미진진하게 하였다.

해설 현재분사는 능동의 의미이고, 과거분사는 남에게 영향을 받는 것으로 수동의 의미를 가진다. 5형식 타동사 made는 뒤에 the action adventure movie를 목적어로 받고, 그 뒤에는 목적격보어로 <사람들에게 흥미를 주는>의 뜻인 exciting이 와야 함.

정답 : (B)

188

해석 인공위성이, 토성 주위의 궤도에서 이전에 발견된 적 없는 위성의 사진을 찍었다.

해설 moon을 수식하는 말이 빈칸에 들어가야 한다. 의미상 moon이 <발견되지 않은> 이라는 수동의 의미를 가진 수식어의 수식을 받아야 하고, 이 때 사용되는 undetected 라는 과거분사를 꾸며줄 수 있는 것은 부사인 previously이다.

정답 : (D)

189

해석 작업 주문이 생산 부서에 공개되었다.(전달되었다=하달되었다)

해설 현재완료 수동태 문장에서 의미상 알맞은 과거분사는 released 이다.

정답 : (A)

190

On occasion weighing over 100 pounds each, _____ are actually elongated canine teeth.

(A) the tusks of an elephant that
(B) elephants have tusks
(C) an elephant has tusks
(D) elephants' tusks

191

_____ all of the material, John passed the test easily.

(A) Having studied
(B) if he had studied
(C) He studies
(D) To study

192

The information service industry has shown great growth this year, _____ data processing claiming the largest share.

(A) by
(B) and
(C) the
(D) with

190

해석 코끼리의 엄니는 이따금 무게가 각각 100파운드 이상 나가기도 하는데 실은 송곳니가 길어진 것이다.

해설 weighing.. 이하가 분사구문이므로 주절의 주어는 코끼리의 상아이빨이어야 한다

정답 : (D)

191

해석 모든 교재들을 다 공부했기 때문에 John 은 테스트에 쉽게 통과했다.

해설 분사구문중 시제가 앞선 분사구문으로 having pp를 사용

정답 : (A)

192

해석 정보서비스산업은 올해 엄청난 성장을 보여주었다. 그리고 정보처리부문이 가장 큰 몫을 요구하고 있다(차지하고 있다).

해설 접속사가 없으므로 분사구문인데 주어끼리 다른 분사구문의 주어 앞에 전치사 with를 첨가할 수 있다.

정답 : (D)

193

Considered by many to be one of the greatest writers of the twentieth century,_____.

(A) in 1949 the Nobel Prize of literature was awarded to William Faulkner
(B) William Faulkner was awarded the Nobel Prize for literature in 1949
(C) the Nobel Prize for literature was awarded to William Faulkner in 1949
(D) was William Faulkner awarded the Nobel Prize for literature in 1949

194

_____ of the vote, Jane M. Byrne became the first woman to be elected mayor of Chicago.

(A) Having been received over eighty percent
(B) After had received over eighty percent
(C) Having received over eighty percent
(D) Have received over eighty percent

195

_____, ragtime music reached its classic form in the 1890's.

(A) Originating in the southern and midwestern United States
(B) After originated in the southern and midwestern United States
(C) Originated in the southern and midwestern United States
(D) It originated in the southern and midwestern United States

193

해석 많은 사람들에 의해 20세기의 위대한 작가 중 한 사람으로 간주되는 William Faulkner는 1949년 노벨 문학상을 받았다.

해설 considered 의 주체가 되어야 하므로 사람인 주어 William으로 시작되는 절이 타당함

정답 : (B)

194

해석 투표의 80% 이상을 얻어서, Jane M. Byme은 시카고의 시장으로 선출된 첫 번째 여자가 되었다.

해설 주절의 주어가 Jane 이고 분사구문은 시제를 앞서서 시작된 것이므로 완료분사구문을 쓰는 것이 타당함.

정답 : (C)

195

해석 미국 남부와 중서부에서 기원한, Ragtime 음악은 1890년대에 그것의 최고수준의 형태에 도달했다.

해설 originate 가 발원하다 시작되다 의 의미일때는 뒤에 주로 전치사 from, in 등을 받아 자동사로 사용되어진다. 그러므로 ing 분사구문이 정답.

정답 : (A)

196

_____, Louis Armstrong dominated jazz for 20 years.

(A) The trumpet was playes with dazzling originality by him
(B) His dazzling originality played the trumpet
(C) Played the trumpet with dazzling originality
(D) Playing the trumpet with dazzling originality

197

The body structure that developed in birds over millions of years is well designed for flight, _____.

(A) being both light in weight and remarkably strong
(B) they are both light in weight and remarkably strong
(C) which are both light in weight and remarkably strong
(D) both being light in weight and remarkably strong

198

_____, extinct sloths are now considered direct ancestors of the two living lines of tree sloths.

(A) Classified as a separate group once
(B) Once they are classified as a separate group
(C) They are once classified as a separate group
(D) Once classified as a separate group

196

해석 놀라운 독창성으로 트럼펫을 연주하면서 Louis Amstrong은 20년 동안 재즈를 주도했다.

해설 접속사가 없으므로 분사구문을 사용해야 하고 play 동사는 여기서 뒤에 목적어 츄럼펫을 받았으므로 능동구조인 ing를 취해야 한다.

정답 : (D)

197

해석 수 백 만년에 걸쳐서 새들의 발전된 신체구조는 비행을 위해서 잘 디자인 되었는바 무게는 가볍고도 동시에 매우 튼튼하기 때문이다

해설 분사구문의 의미상 주어는 새들의 신체구조인데 그것이 be 동사와 보어를 각각 both light and strong 으로 받았고 분사구문화 되면서 be 가 being 이 되었다.

정답 : (A)

198

해석 전에는 독립적인 그룹으로 분류되었던, 멸종한 늘보는 지금은, 두 종류의 현재 살아있는 나무늘보의 형통의 직접적인 조상으로 간주된다.

해설 분사구문으로 주어끼리 같고 classify 가 분류하다 라는 타동사인데 뒤에 전치사 as 가 와서 목적어가 없으므로 수동분사구문이 되어야 한다. Once 는 옛날에 또는 한때 라는 부사이다.

정답 : (D)

199

_____ when public taste favored the sentimental and moralistic, Susan Warner's *The Wide, Wide World* was for years extremely popular both in the United States and abroad.

(A) Her production was in an era
(B) Produced in an era
(C) She produced it in an era
(D) An era of production

200

An accumulation of wax in the ear canal may immobilize the eardrum, _____ a partial loss of hearing.

(A) caused
(B) are caused
(C) causing
(D) causes

201

Night _____ on, we started for home.

(A) coming
(B) to come
(C) had come
(D) is coming

199

해석 대중이 감상적이며 도덕적인 것을 좋아하던 시대에 출판되었기 때문에, Susan Warner의 The Wide, Wide World는 미국과 해외 모두에서 수년간 대단히 인기가 있었다.

해설 주절의 앞뒤에 올 수 있는 것은, 종속절로서, < 종속접속사+S+V >혹은 < 분사구문 >이 되어야 한다. 이 때, 분사구문을 이끌 분사는, 의미상 주어(comma 뒤)가, 작품이름이 왔으므로, 수동의 의미인, < Produced 출판된 >로 해준다.

정답 : (B)

200

해석 귓구멍 안의 귓밥의 쌓임은 청각의 부분적인 손실(장애)을 일으키면서 고막을 둔화시킬 수 있다.

해설 comma앞 구조가 완전한 문장이고, 그 뒤에는 주어가 없이 목적어만 나왔으므로, may에 걸리는 타동사 병렬 구조로 볼 수 있지만, and로 연결되어 있지 않고 comma가 왔으므로, may에 걸리는 동사원형 대신 분사가 와서 분사구문을 만들어야 한다.

정답 : (C)

201

해석 밤이 찾아오자, 우리는 집을 향해 출발했다.

해설 제시된 분사구문을 일반 문장으로 고치면, When night came on, we started for home. 주절의 주어(we)와 종속절의 주어(night)가 다를 때, 종속절의 주어를 생략하지 않고 분사구문을 만든 독립분사구문이다. Night coming on, ~~

정답 : (A)

202

A desert area that <u>has been</u> <u>without water</u> for six years will
          A   B

<u>still</u> bloom when rain <u>will come</u>.
 C   D

203

In central Georgia, archaeological evidence indicates that Native Americans first inhabited the area _____ .

(A) since thirteen centuries
(B) thirteen centuries ago
(C) the previous thirteen centuries
(D) thirteen centuries were before

204

The Earth's population _____ since the Second World War.

(A) has nearly doubled
(B) doubling nearly
(C) nearly doubling
(D) that has nearly doubled

202

해석 6년 동안 물 한 방울 없이 지낸 사막지역도 비가 오면 꽃을 피운다.

해설 시간의 부사절서 미래시점이면 현재시제

정답 : (D)

203

해석 Georgia 중부 지역에는 미국 인디언들이 1300년 전 최초로 그 지역에 살았다는 것을 보여주는 고고학적 증거가 있다.

해설 1300년 전을 의미하는 시간의 부사구는 1300 years ago 혹은 13 centuries ago

정답 : (B)

204

해석 제 2차 세계대전 이후 현재까지 지구상의 인구는 거의 두 배가 되었다.

해설 동사가 있어야 하고 since 때문에 주절은 완료시제로 써야 하므로 has doubled

정답 : (A)

205

Since <u>about</u> 1000 B.C. iron <u>was</u> the chief <u>metal</u> employed
       A   B   C

in <u>manufacturing</u> tools.
        D

206

New York City <u>has been</u> the <u>capital of</u> New York State until 1797,
                 A   B

<u>when</u> the state capital was <u>moved</u> to Albany.
 C   D

207

The first juries were <u>made up</u> of persons who witnessed the crime
                          A

in <u>question</u> and then passed judgement <u>based on</u> what they
    B   C

<u>have seen</u>.
  D

205

해석 | 대략 기원전 1000년경부터 철은 도구를 제작하는데 사용된 중요한 금속이었다.

해설 | since 때문에 주절의 시제는 완료가 되어야 한다 따라서 has been 으로

정답 : (B)

206

해석 | New York 시는 주의 수도가 Albany 로 이전한 1797년까지 New York 주의 수도였다.

해설 | 1797년까지이므로 과거시점에서 끝나는 완료시제인 과거완료가 정답 had been

정답 : (A)

207

해석 | 최초의 배심원단은 심문에서 범죄를 증언한 사람들로 구성되었으며 그 후 그들이 목격한 것을 근거해 판결을 내렸다.

해설 | 과거시점이야기 이므로 had seen

정답 : (D)

208

Mr. Broder _____ four years in the Marine Corps before he joined the high command.
(A) having served
(B) had served
(C) had
(D) serving

209

<u>By</u> the year 2020, we <u>have seen</u> many changes in our society,
A   B

though in many underdeveloped countries, social change <u>will be</u>
                                                     C

slow in <u>coming</u>.
        D

210

The complex relationship between poet and poem _____ a primary concern of psychoanalytical critics in recent years.
(A) being
(B) have
(C) has been
(D) is having

208

해석: Broder씨는 최고사령부에 합류하기 전 해병대에서 4년을 복무했었다.

해설: 과거시점이야기이고 before은 과거완료시제가 되어야 한다

정답 : (B)

209

해석: 2020년 무렵까지 우리는 우리사회에서 많은 변화들을 보게될 것이다 비록 저개발국에서는 사회적변화가 오는데 있어서 시간이 걸리겠지만.

해설: 2020년이 미래시점이므로 미래완료시제가 온다. will have seen

정답 : (B)

210

해석: 시인과 시 사이의 복잡한 관계는 최근에 심리분석 비평가들의 주요한 관심사가 되어 왔다.

해설: 최근까지 그러하다 에서는 완료시제를 사용한다 has been

정답 : (C)

211

Electric streetlights have been first used in 1897 and soon replaced
  A   B   C   D
gas burning lamps.

212

Industrial management is the aspect of business management that was
   A   B   C   D
most prominent in the United States for the past eighty years.

213

Having been settled at a river ford on the Donner Pass route to
  (A)   (B)
California, the city of Reno grew as bridge and railroads are built.
                 (C)   (D)

211

해석: 전기 가로등은 1897년에 처음 사용되었으며 곧 가스등을 대신해 쓰이게 되었다.

해설: 1897년이라는 과거시점부사가 있을 때에는 현재완료를 쓰지 않고 단순과거를 사용.

정답 : (B)

212

해석: 산업 경영은 지난 80년 동안 미국에서 가장 현저한 사업 경영의 일면이다.

해설: 지난 80년동안 이라는 말은 현재에 근거하고 있는 시점이므로 완료시제를 쓴다. that has been 이 정답.

정답 : (D)

213

해석: 캘리포니아로 가는 Donner Pass 길에 있는 강의 여울에 정착되었던, 리노라는 도시는, 철도와 교량이 건설됨에 따라서, 성장했다.

해설: 앞의 동사가 grew 이므로 as 절이하의 동사는 과거나 과거완료가 정답 were built 혹은 had been built

정답 : (D)

214

In 1890 Kate Hurd-Mead <u>has become</u> <u>medical</u> director of the Bryn
　　　　　　　　　　　　　(A)　　　　　(B)
Mawr School for girls, one of the first <u>schools</u> in the United States
　　　　　　　　　　　　　　　　　　　(C)
<u>to initiate</u> a preventive health program.
　(D)

215

We do not know <u>if the plane will arrive on time</u>, and <u>if it will arrive</u> at
　　　　　　　　　　　　(A)　　　　　　　　　　　　　　　(B)
<u>six o'clock sharp</u>, we can surely welcome them without <u>having to</u>
　　(C)　　　　　　　　　　　　　　　　　　　　　　　　　(D)
wait.

214

해석 1890년에 Kate Hurd-Mead 는 Bryn Mawr 어학교의 의료 책임자가 되었는데, 그 학교는 예방건강 프로그램을 시작한 미국에서의 첫 번째 학교 중의 하나였다.

해설 1890 이라는 년도가 과거시점을 의미하는 부사구이고 이럴 때의 시제는 단순과거 정답은 became

정답 : (A)

215

해석 우리는 비행기가 정시에 도착할지에 대해 알지 못한다 그리고 만약 정각 6시에 비행기가 도착하면 우리는 기다려야 할 필요 없이 확실히 그들을 맞이할 수 있을 것이다.

해설 조건을 나타내고 있는 부사절에 will이 쓰였는데, 이는 잘못 된 것이다. if가 있는 부사절에서는 will, shall 등을 쓰지 못하고, 현재시제가 미래시점를 대신한다. will arrive → arrives로 고칠 것.

정답 : (D)

216

"I usually go dancing at night."

"_____ do that."

(A) You had not better
(B) You had better not to
(C) You have better not
(D) You had better not

217

They would come out to attack and then <u>disappeared</u> <u>back</u> into
                                              A   B
the <u>deep</u> forests, where their opponents <u>were</u> at a disadvantage.
      C   D

218

In fact Mary would rather have left for San Francisco _____ in Los Angeles.

(A) by staying
(B) than stay
(C) than have stayed
(D) to stay

216

해석
"저는 보통 밤에 춤추러 갑니다."
"당신은 그렇게 하지 않는 편이 좋을 거예요."

해설
had better, would rather, may well, may as well 등은 구로 된 조동사이고 하나로 취급하므로 부정어 not은 반드시 전체의 구조동사뒤에 붙인다

정답 : (D)

217

해석
그들은 공격하러 나왔다가 다시 깊은 숲 속으로 사라지곤 하였는데 숲은 그들의 적들에게는 불리한 곳이었다.

해설
동사 disappear 는 조동사 would 다음에 걸리므로 동사원형으로 사용

정답 : (A)

218

해석
사실 Mary는 Los Angeles에 있는 것보다 San Francisco로 떠나는 편이 더 나았을 것이다.

해설
앞에 would rather 다음에 공통으로 걸리므로 have pp 로 통일시킨다

정답 : (C)

219

Board members _____ carefully define their goals and objectives for the agency before the monthly meeting next week.

(A) had
(B) should
(C) used
(D) have

220

The natural gas that flows from a well must to be cleaned and treated
   (A)   (B)   (C)   (D)
before being marketed.

221

He requested that the money paid for the car was returned
                                 (A)   (B)
because of its continual problem.
  (C)   (D)

219

해석 위원들은, 다음 주의 월례회의 전에, 그(정부)기관에 대한 그들의 목표와 목적을 신중히 결정해야만 한다.

해설 동사 원형인 define 앞에 함께 쓰일 수 있는 동사를 찾아야 한다. (A)와 (D)는 뒤에 과거분사를 필요로 한다. 조동사인 should가 오는 것이 적당.

정답 : (B)

220

해석 천연가스정(井)으로부터 나오는 천연가스는 시장에 판매되기 전에, 깨끗해지고 (화학)처리되어야 한다.

해설 조동사 뒤의 동사 형태는 원형이 쓰여야 한다. must to be → must be 로 고칠 것

정답 : (C)

221

해석 그는 자동차를 (사기)위해 지불된 돈이 그것의(자동차의) 잇따른 문제 때문에 반환되어져야한다고 요구했다.

해설 request가 목적어로 명사절을 받을 때, 명사절 내의 동사는 should+동사원형 또는 should 생략하고 동사원형의 형태로 써야 한다. <request that S+(should)+동사원형> 따라서 was returned → (should) be returned로 고쳐야 한다.

정답 : (B)

222

A recent survey found that nearly half of unmarried people read a newspaper _____ eating breakfast.

(A) over
(B) while
(C) during
(D) as long as

223

He wanted to keep the computer in the center of the room _____ it would be easily accessible to all of the employees.

(A) so that
(B) because
(C) certain of
(D) because that

224

We cannot recommend Lou's Restaurant for credit, _____ they have an outstanding account with us that is 60 days overdue.

(A) unless
(B) before
(C) because
(D) although

222

해석: 최근의 조사는 미혼자들의 거의 절반이 아침식사을 먹는 동안 신문을 읽는다는 사실을 발견했다.

해설: while they are eating에서 주어와 be 동사를 생략한 구조

정답 : (B)

223

해석: 그는 방의 한가운데 컴퓨터를 두기를 원했다 그래서 그것이 모든 직원들에게 쉽게 접근될 수 있도록.

해설: 뒤의 절이 목적절로 해석되어야 문맥에 맞고 목적절을 유도하는 접속사는 so that 혹은 in order that .

정답 : (A)

224

해석: 우리는 Lou 식당을 신용하도록 추천할 수 없다 왜냐하면 그 식당은 지불기일이 60일이 지난 구좌를 우리은행에 가지고 있기 때문이다.

해설: 의미상 추천할 수 없다의 이유로 지불기일이 60일이나 초과한 구좌를 가지고 있는 식당이어야 하므로 원인 이유절이 와야 한다

정답 : (C)

225

Gorillas are quiet animals _____ they are able to make about twenty different sounds.

(A) how
(B) in spite of
(C) because of
(D) even though

226

Anthropology is a science _____ anthropologists use a rigorous set of methods and techniques to document observations that can be checked by others.

(A) in that
(B) that in
(C) that
(D) in

227

Antique auctions have become popular in the United states because
                    A   B
a steadily increasing awareness of the investment value of antiques.
                       C   D

225

해석 대략 스무 가지 정도의 각기 다른 소리를 낼 수 있지만 그래도 고릴라는 조용한 동물이다.

해설 뒤에 절이 왔으므로 접속사가 와야 하고 의미상 여러 가지 소리를 낼 수 있음에도 불구하고 조용한 동물이다 이므로 양보절 접속사 though 가 합당

정답 : (D)

226

해석 인류학은 인류학자들이 다른 학자들에 의해 검증될 수 있는 관찰 사항들을 문서로 기록하기 위하여 일련의 엄격한 방법과 기술을 사용한다는 점에서 과학이다.

해설 [-라는 점에 있어서] = in that + 절

정답 : (A)

227

해석 골동품 경매는 골동품의 투자가치에 대한 인식이 꾸준히 증가함에 따라 미국에서 인기를 얻고 있다.

해설 because 뒤에 절이 없고 명사구가 나와 있으므로 because of 가 정답

정답 : (B)

228

The extinct dodo bird had wings that were too small that the bird
    A   B   C
could not fly.
   D

229

According to cognitive theories of emotion, anger occurs when
    A
individuals believe that they have been harmed and that the harm
                                B   C
was either avoidable and undeserved.
      D

230

Helen Traubel, a person of diverse talents, both sing in operas and
                  A   B   C   D
wrote mystery novels.

228

해석 멸종된 도도새는 너무 작아서 날 수 없는 날개를 가지고 있었다.

해설 형용사나 부사의 앞에 [매우]라는 뜻을 가지는 부사를 붙이고 뒤에서 that 절을 받으려면 반드시 so를 사용한다. too 는 뒤에 to 부정사구조가 올때 사용한다.

정답 : (C)

229

해석 감정에 대한 인지이론에 따르면 분노는 사람들이 자신이 피해를 입었으며 그 피해가 모면할 수 있는 것이었고 또한 부당한 것이었다고 믿을 때 일어난다.

해설 뒤의 and 와 호응하기 위해서는 both 가 합당하다. either를 사용하면 뒤의 구조가 A or B 가 되어야 한다

정답 : (D)

230

해석 Helen Traubel은 다재다능한 사람으로 오페라에서 노래도 불렀고 또한 미스테리 소설도 썼다.

해설 both A and B 구조에서 B 가 동사의 과거형이므로 병렬되어야 한다 sang 으로..

정답 : (C)

231

Until the 1800's, most of the paper money in circulation in the
 A   B

world was issued by banks or private companies rather by
          C   D

governments.

232

Throughout history, shoes have been worn not only for protection
   A   B   C

and also for decoration.
 D

233

The photoperiodic response of algae actually depends on the duration of darkness, _____.

(A) the light is not on
(B) and not on light
(C) but is not on light
(D) is not on light

231

해석: 1800년대까지 전 세계에서 유통되던 지폐의 대부분은 정부보다는 오히려 은행이나 사기업에 의해 발행되었다.

해설: [-라기 보다는] 이라는 부정의 의미로 사용할 때는 접속사 than 과 함께 호응한다 rather을 rather than 으로.

정답 : (D)

232

해석: 역사적으로 보아 신발의 착용은 발의 보호 뿐 아니라 장식용이기도 하였다.

해설: not only A but also B

정답 : (D)

233

해석: 바닷말의 광주기적 반응은 실제로 암존(暗存)주기에 좌우되며 광존(光存)주기에 좌우되지 않는다.

해설: and 이하의 원래모습은 and does not depend on light 여기서 같은 부분이 생략되어서 and not on light 만 남았다. but 도 사용가능하지만 뒤가 is not 이 되어서 불가.

정답 : (B)

234

The culinary expert Fannie Farmer <u>taught</u> dietetics, <u>kitchen</u>
　　　　　　　　　　　　　　　　　　A　　　　　　　B
management, and <u>to cook</u> <u>at her famous</u> Boston school.
　　　　　　　　　　C　　　　　D

235

A <u>jewel</u> is an ornament <u>fashioned</u> from precious <u>metals</u> or stones,
　(A)　　　　　　　　　　(B)　　　　　　　　　　　(C)
either alone <u>as well as</u> in combination.
　　　　　　　(D)

236

An aromatic alcohol, phenol exhibits weak acidic properties and
_____.

(A) is corrosive and poisonous
(B) corrodes and poisonous
(C) corrosive and poisonous
(D) is corrosion and poisonous

234

해석: 요리 전문가인 Fannie Farmer는 그녀가 재직한 유명한 보스턴 학교에서 영양학, 주방 관리, 그리고 요리법을 가르쳤다.

해설: and 가 연결하는 세가지는 영양학 주방관리 그리고 요리법 . 그러므로 병렬을 이루기 위해서는 cooking 또는 recipe 또는 how to cook

정답 : (C)

235

해석: 보석은 귀중한 금속이나 돌로부터, 하나로 또는 조합으로, 만들어지는 하나의 장식품이다.

해설: either alone or in combination

정답 : (D)

236

해석: 향기 나는 알코올인 페놀은 약한 산성의 특징을 나타낸다. 그리고 부식성이 있고, 독성이 있다.

해설: and 가 동사부를 두개 연결해야 의미가 성립된다 그러므로 be 동사와 보어를 가진다 만약 exhibits 뒤에 직접연결하려면 타동사의 목적어가 와야 하므로 명사가 있어야 한다.

정답 : (A)

237

Dried leaves continue to hang on the branches of some deciduous
  (A)   (B)   (C)
trees by the time the new leaves appear.
         (D)

238

Mango trees, which are densely covered with glossy leaves and bear small fragrant flowers, grow rapidly and _____.

(A) it can attain heights of up to 90 feet
(B) can attain heights of up to 90 feet
(C) attained heights of up to 90 feet
(D) which can attain heights of up to 90 feet

239

Lillian Gilbreth was one of the leading engineers of the twentieth
                                          (A)
century as well as a pioneering in the field of scientific management.
        (B)   (C)   (D)

237

해석: 건조된 잎들이, 새 잎들이 나타날 때까지, 어떤 활엽수의 가지에 계속 매달려 있다.

해설: 의미상 – 할 때까지(계속성) 가 타당하므로 until 로 바꾼다

정답 : (D)

238

해석: 윤기 나는 잎으로 덮여 있고, 작은 향기 나는 꽃을 가지고 있는 망고나무는, 빨리 자라고, 90피트까지의 높이에 달할 수 있다.

해설: and 는 자라다 라는 동사와 도달할 수 있다 라는 동사를 연결해야 한다

정답 : (B)

239

해석: Lillian Gilbreth 는 과학적인 관리 분야에서의 개척자인 것은 물론이고, 20세기의 뛰어난 기술자중의 하나였다.

해설: as well as 는 one of ………. 와 an engineer를 연결해야 문맥이 타당하다

정답 : (C)

240

When changing jobs, it is important to consider _____ salary and benefits.

(A) both
(B) either
(C) yet
(D) or

241

"Accounts receivable" is money owed to a company, _____ "accounts payable" is money owed by the company to creditors.

(A) whereas
(B) otherwise
(C) such as
(D) in order that

242

Interviewees should be given the company brochure to read _____ they are waiting for their interviews.

(A) during
(B) after
(D) with
(D) while

240

해석 직장을 옮길 때는 급여와 각종 혜택을 다 고려해 봐야 한다.

해설 문맥상 salary와 benefits 모두를 함께 고려한다는 뜻이므로, both가 적절하다.
<either A or B : A또는 B> <both A and B : A와 B 모두>

정답 : (A)

241

해석 수취 가능한 계정(미수금)은 회사에게 빚져진 돈(채무자가 회사에게 갚아야 할 돈)이고, 지불 가능한 계정(미불금)은 회사에 의해 채권자에게 빚져진(회사가 채권자에게 갚아야 할) 돈이다.

해설 comma를 중심으로 두 절이 서로 의미상 대조를 이루고 있으므로, 빈 칸에는 접속사 whereas(~인데 반해서, 반면에)가 적당하다.

정답 : (A)

242

해석 인터뷰를 받는 사람들에게는, 그들이 그들의 인터뷰를 기다리는 동안에 읽을 회사 소개 책자가 주어져야 한다.

해설 뒤에 절이 왔고 의미상 [-하는 동안] 이 타당하므로 while

정답 : (D)

243

In an area first explored by Samuel de Champlain _____ .

(A) establishment of the city of Halifax in 1749
(B) in 1749 the city of Halifax established
(C) in 1749, establishing the city of Halifax
(D) the city of Halifax was established in 1749

244

As a resident of New Mexico, Dennis Chavez _____ to
the House of Representatives in 1930 and to the Senate in 1938.

(A) when elected
(B) elected
(C) who was elected
(D) was elected

245

Experiments in the photography of moving objects _____ in
both the United Stated and Europe well before 1900.

(A) have been conducting
(B) were conducting
(C) had been conducted
(D) being conducted

243

해석 Samuel de Champlain에 의해 최초로 탐사된 지역에 1749년 Halifax시가 세워졌다.

해설 explored by~ 는 앞의 an area를 후치수식. 전치사구로 문장이 시작되고 주어가 아직 나와 있지 않으므로, 빈칸에는 주어와 동사가 필요. the city of Hailfax가 주어로 왔으므로 동사establish는 수동태의 was established 가 된다.

정답 : (D)

244

해석 New Mexico의 주민으로 Dennis Chaves는 1930년에는 미국 하원의원에 그리고 1938년에는 상원의원에 선출되었다.

해설 Dennis Chavez가 주어이므로, 밑줄에는 동사가 필요. elect는 선출하다. <~로 선출되다>라는 의미가 적절하므로 수동태인 was elected 가 되어야 한다.

정답 : (D)

245

해석 움직이는 물체에 대한 사진 실험들이 1900년 훨씬 이전에 미국과 유럽 양쪽에서 모두 행해졌다.

해설 Experiments가 문장의 주어. 빈칸에는 동사가 필요하다. <실험>이 주어가 될 때 동사는 <실시되다>라는 수동태로 써야 적절하며, 1900 이전에 완료된 사건을 과거 완료로 표현하면 had been conducted 의 과거완료 수동태가 된다.

정답 : (C)

246

Laminated <u>safety</u> glass is produced <u>with</u> combining <u>alternate</u>
　　　　　　A　　　　　　　　　　B　　　　　　　C
layers of <u>flat</u> glass and plastic.
　　　　　D

247

Now considered a major poet of the nineteenth century, Emily Dickinson _____ to the literary world during her life time.

(A) unknowing
(B) nor known
(C) did not know
(D) was unknown

248

The <u>industrial</u> heartland of Canada <u>is locate</u> along the Great Lakes
　　　　A　　　　　　　　　　　　　　B
and Saint Lawrence <u>waterways</u>, in the <u>province</u> of Ontario.
　　　　　　　　　　　C　　　　　　　　　D

246

해석 박층 안전유리는 얇은 유리판과 합성수지를 번갈아 겹겹이 붙이는 것에 의해 만들어진다..

해설 Laminated safety glass가 주어, 그리고 동사는 생산되어 진다라고 하는 수동태가 사용되었다. 그 뒤에 나오는 combining~ 은 어떻게 함으로써 그것이 생산되어지는가? 라는 그 방법이 된다. <~하는 것에 의해>라는 의미로 전치사 by를 사용해야 한다.

정답 : (B)

247

해석 Emily Dickinson은 현재 19세기의 주요 시인으로 간주되고 있지만 생존 당시에는 문학계에 알려지지 않았었다.

해설 분사구문을 사용해서 과거와 현재를 대조하고 있다. 주어는 Emily Dickinson이며, <그녀가 생존 당시에는 어떠했다>라는 말이 나오고 있는데, <~에 알려지다>라는 뜻의 수동태인 be known to 가 적절하다.

정답 : (D)

248

해석 캐나다의 산업중심지는 5대호와 Saint Lawrence 수로를 따라 Ontario 지방에 위치해 있다.

해설 주어가 The industrial heartland 인데, 동사가 is locate 라는 잘못된 구조로 나와 있다. 타동사 locate의 목적어가 없고 의미상으로도 산업중심지가 <~에 위치해 있다>라고 해석되므로 수동태인 is located 로 고쳐야 한다.

정답 : (B)

249

Instead of being housed in one central bank in Washington, D.C.
   A   B

the Federal Reserve System is division into twelve districts.
                              C   D

250

Farm animals have been regardless by nearly all societies as
      A   B

a valuable economic resource.
    C   D

251

Toward the end of her life Anne Sullivan Macy, Helen Keller's
        A

teacher, finally started to receive the national recognition that
        B   C

previously had been withholding.
                      D

249

해석 연방 준비금 제도는 Washington D.C.의 중앙은행에 몰려있지 않고 12개 지국에 분산되어 있다.

해설 the Federal Reserve System 이 주어이며, 이것이 <12개 지국에 분산되어 있다>라는 의미가 되므로, <be divided into~>의 형태로 써야 한다. <A divide B into C : A는 B를 C로 나누다> <B is(are) divided into C : B는 C로 나뉘어 있다>

정답 : (C)

250

해석 농장에서 기르는 가축들은 거의 어느 사회에서나 귀중한 경제적 자원으로 간주되어 왔다.

해설 have been 다음에 오는 형용사 regardless가 어색하다. 뒤에 전치사 by와 as로 볼 때, A is regarded as B 와 같은 수동 구조로, <A는 B로 여겨진다>라는 의미를 갖도록 해야 한다. by는 <~에 의해>

정답 : (B)

251

해석 Helen Keller의 스승이었던 Ann Sullivan Macy는 말년에 이르러 예전에는 받지 못했던 국가의 인정을 마침내 받기 시작하였다.

해설 the national recognition을 주격관계사절이 후치수식하고 있다. 이 때, 타동사 withhold의 목적어가 없을 뿐 아니라, <보류,유보,억제되어졌던 국가적인정>이라고 해야 자연스러워지므로 과거완료 수동태인 had been withheld가 되어야 한다.

정답 : (D)

252

In the second half of the nineteenth century, textiles from the southwestern United States, particularly fabrics woven by the Navajo people, _____ .

(A) began to be used as rugs.
(B) rugs began to be used
(C) as rugs began to be used
(D) began to use them as rugs

253

Blue crab, <u>indigenous</u> to the region, <u>has</u> <u>long been</u> <u>considerable</u>
　　　　　　　A　　　　　　　　　　　　B　　　C　　　　D
a delicacy and a local specialty.

254

The distance from the Earth to the moon _____ measured today by radar or by laser beams.

(A) is easy to
(B) easily being
(C) can be easy to
(D) can easily be

252

해석: 19세기 후반에 미국 남서부 지방의 직물, 특히 Navajo족이 짠 피륙은 양탄자로 사용되기 시작하였다.

해설: 문장의 동사가 아직 나와 있지 않으므로 빈칸에는 동사가 들어간다. 또한 textiles(fabrics)가 <무언가를 사용하기 시작했다>라고 하면 어색하므로 <~로서 사용되기 시작했다>라는 수동태로 써주면, began to be used as~ 의 구조가 된다.

정답 : (A)

253

해석: 그 지역의 고유한 푸른 게는, 오랫동안 맛있는 음식이자 지역 특산품으로 여겨져 왔다.

해설: 일반 평서문에서 considerable 뒤에 관사+명사 구조가 어색하다. 이 대신 <오랫동안 ~로 여겨져 왔다>라는 뜻의 has long been considered~ 과 같은 수동태 구조가 적절하다.

정답 : (D)

254

해석: 지구에서 달까지의 거리는 오늘날 레이더나 레이저 광선에 의해 쉽게 측정될 수 있다.

해설: 주어는 The distance이므로 <거리는 측정할 수 있다>가 아닌, <거리는 측정되어질 수 있다>라고 써야 문법상 맞는 문장이다. 한국어적 해석에 의존하여 동사를 결정하기 보다는, 주어가 무엇인지를 보고 동사의 태를 결정해야 함.

정답 : (D)

255

Gold was ordinary valued for the magical powers that _____ to come from it.

(A) have thought
(B) were thinking
(C) have been thinking
(D) were thought

256

The benefit of goat's milk lies in the fact that it is more easily
    A   B   C

to digest by infants and invalids than is cow's milk
   D

257

A large amount of coal from West Virginia mines _____ by barges along the Monongahela River to the steel mills of Pittsburgh.

(A) carried
(B) carries
(C) to carry
(D) is carried

255

해석 금은 원래 거기서 나온다고 생각되는 마술적인 힘 때문에 귀하게 여겨졌다.

해설 the magical powers를 후치수식하는 관계사절 구조. <금은 귀하게 여겨졌다 → 마술적 힘 때문에> 이 때, <마술적 힘>을 수식하려면 <그것(금)으로부터 나온다고 생각되어지는 마술적 힘> 이라고 해야 자연스러우므로, 수동 구조인 were thought가 적절.

정답 : (D)

256

해석 아이들과 환자에게 우유보다 더 소화가 잘 된다는 점이 염소젖의 이점이다.

해설 <아이들과 환자에 의해 쉽게 소화 된다>라는 말을 하기 위해서는 주어인 it(염소의 젖)에 대해 동사를 be digested라는 수동태로 써야한다. 이미 be동사 is가 나와 있으므로, to digest를 digested로 고치면 된다.

정답 : (D)

257

해석 서부 Virginia 광산에서 나온 대량의 석탄은 화물 운반선(바지선)으로 Monongahela 강을 따라 Pittsburgh에 있는 제철소까지 운반된다.

해설 A large amount of coal의 A large amount가 주어. 빈칸에는 동사가 들어가야 하는데, 뒤에 by barges(화물운반선에 의해)라는 말이 있으므로 <be carried : 운반된다>라는 말이 들어가야 맞다. 주어 a large amount = 단수취급 → be 동사는 is가 쓰임

정답 : (D)

258

In the Osage tribe of Oklahoma, _____ women who held a high social status.

(A) beaded bells were fashioned only by
(B) were fashioned beaded bells only by
(C) beaded bells which were fashioned only by
(D) there were beaded bells were fashioned only by

259

A bridge can <u>defined</u> as a structure <u>surmounting</u> <u>an</u> obstacle such as
     (A)   (B) (C)

a river, declivity, road, <u>or</u> railway.
        (D)

260

Fibers of hair and wool <u>are</u> not <u>continuous</u> and must normally <u>spun</u>
       (A)   (B)   (C)

into thread if they <u>are to be</u> woven into textile fabrics.
      (D)

258

해석: 오클라호마의 Osage 부족에서, 구슬달린 종들은 높은 사회적인 위치를 가졌던 여자들에 의해서만 만들었다.

해설: 빈칸에는 주어와 동사 모두 필요. (B)는 동사부터 시작하므로 부적절. (C)는 관계사절 바깥쪽에 동사가 없고, (D)는 동사 were가 중복 됨. (A)는 beaded bells가 주어, 수동태인 were fashioned가 동사가 되고 전치사 by의 짝은 women이 된다.

정답 : (A)

259

해석: 교량은 강, 경사면, 도로, 철도 등과 같은 장애물을 극복하는 하나의 구조물이라고 정의될 수 있다.

해설: (A)를 보면, 조동사 can 다음에 동사원형이 오지 않았으며, 또한 의미상으로도 주어인 A bridge가 <~라고 정의될수 있다>라는 수동태가 되어야 하므로, can be defined가 적절하다.

정답 : (A)

260

해석: 털과 양모의 섬유질들은 연속적이 아니므로, 그것들이 직물로 짜여지려면, 일반적으로 꼬여져서 실이 되어야한다.

해설: 타동사 spun은 spin의 과거형으로 must spun이라고 하면, <방적해야 한다, 꼬아야 한다>라는 의미가 된다. Fibers of hair and wool이 주어이므로 <꼬여져야 한다>라는 수동태로 써야 한다. be spun으로 고칠 것.

정답 : (C)

261

Many of the innovations in airplane design since the days of the
　　　　　　　　　　　　　　　　　　　　(A)　　(B)
Wright brothers have made in order to lessen the effect of drag
　　　　　　　　　　　(C)　　　　　　　(D)
or air resistance.

261

해석 라이트 형제 시절 이래로 항공기 디자인에 있어서의 혁신들 중의 많은 것들이, drag 나 공기저항의 효과를 감소시키기 위해서, 이루어졌다.

해설 (C)의 made는 능동으로 쓰였으나 목적어가 나와 있지 않으므로 잘못 되었다. Many of the inventions에서 many(많은 것)가 주어이며, 그것들이 <만들어 졌다, 이루어 쳤다>라는 의미로 쓰이기 위해서는 동사를 수동태인 have been made로 써야 한다.

정답 : (C)

262

If it _____ rain tomorrow, we will have a picnic.

(A) wouldn't
(B) doesn't
(C) didn't
(D) won't

263

_____ of the seven continents were placed in the Pacific Ocean, there would still be room left for another continent the size of Asia.

(A) Each
(B) If each
(C) Were each
(D) Since each

264

If I had money <u>to spare</u>, I <u>will be</u> happy <u>to lend</u> it <u>to you</u>.
                      A   B   C   D

262

해석 내일 비가 오지 않는다면 우리는 소풍을 갈 것이다.

해설 가정법에서 미래의 사실을 단순가정하면 if 절의 시제는 현재

정답 : (B)

263

해석 만약 일곱 개의 대륙이 태평양에 놓여진다면 아시아 크기의 대륙을 하나 더 놓을만한 공간이 남게 될 것이다.

해설 뒤에 주어 동사의 어순이 되어 있으므로 접속사 if 가 필요하다

정답 : (B)

264

해석 만약 내게 여유자금이 있다면 기꺼이 당신에게 빌려줄 것이다.

해설 앞의 시제가 had 라는 과거로 되어있으므로 조동사 과거형 would 가 정답

정답 : (B)

265

<u>Am</u> I a millionaire, I <u>should be</u> able <u>to have</u> a large house of
A   B   C

<u>my own</u>.
  D

266

The impact of Thoreau's 'On the Duty of Civil Disobedience' might not have been so far-reaching _____ for Elizabeth Peabody, who dared to publish the controversial essay.

(A) it not having been
(B) it is not being
(C) had it not been
(D) is it not being

267

If the ozone gases of the atmosphere <u>did not filter</u> out the
                                                          A

ultraviolet rays of the sun, life, <u>as</u> we know <u>it</u>, would not have
                                    B   C

evolved <u>on earth</u>.
          D

265

해석: 내가 백만장자라면 내 소유의 대저택을 가질 수 있을 텐데.

해설: 뒤의 조동사 시제가 과거인것으로보아 앞의 be 동사는 were 가 타당함

정답 : (A)

266

해석: 논란을 일으킬 만한 에세이를 출간하고자 마음먹었던 Elizabeth Peabody가 없었더라면 Thoreau의 <시민 불복종 의무에 관하여>라는 글의 영향력이 그렇게까지 심원하지는 않았을 것이다.

해설: if it had not been for A ; 만일 A 가 없었더라면 구조에서 if를 생략하고 의문문 구조로 도치됨

정답 : (C)

267

해석: 만약 대기 중의 오존 가스가 태양의 자외선을 걸러내지 않았더라면 우리가 현재 알고 있는 생명체는 지구상에 생겨나지 않았을 것이다.

해설: had not filtered out 이 타당 . 뒤 주절의 시제가 would have pp

정답 : (A)

268

_____ your help, I would not have succeeded.
(A) But that
(B) But for
(C) But if
(D) Thanks to

269

_____ you arrive before the office is open, the security guard will let you in.
(A) Should
(B) Can
(C) Will
(D) Do

270

If the sun _____ rise in the west, my love would be unchanged.
(A) Should
(B) were
(C) were to
(D) shall

268

해석 당신의 도움이 없었더라면 나는 성공하지 못했을 것이다.

해설 A 가 없었다라면 = without A = but for A

정답 : (B)

269

해석 혹시 사무실 문을 열기 전에 도착한다면 경비원이 당신을 들여보내 줄 것이다.

해설 가정법에서 if + 주어 + should + 동원 ; 만에 하나 -한다면 ; if를 생략하면 의문문 어순 도치

정답 : (A)

270

해석 태양이 서쪽에서 뜬다 하더라도 내 사랑은 변하지 않을 것입니다.

해설 가정법에서 if + 주어 + were to + 동원: 만에 하나 -하다면 (거의 불가능한 미래 가정)

정답 : (C)

271

If you had studied the problem carefully yesterday _____ .

(A) you won't find any difficulty now
(B) you would not have found any difficulty now
(C) you would not find any difficulty now
(D) you have not found any difficulty now

272

If he _____ in Vietnam War, he would be 39 years old now.

(A) had not been killed
(B) had not been killed
(C) have not been killed
(D) was not killed

273

I wish I _____ busy yesterday, I could have helped you with the problem.

(A) hadn't been
(B) weren't
(C) wasn't
(D) have not been

271

해석: 당신이 어제 그 문제를 세밀히 검토했더라면 지금 전혀 어려움을 겪지 않을 것을...

해설: 앞의 가정은 과거사실의 반대 이지만 뒤는 현재사실의 반대결과를 예측하고 있음

정답 : (C)

272

해석: 그가 베트남 전쟁에서 전사하지 않았더라면 현재 39살이 되어있을 것이다.

해설: 뒤의 주절은 현재 나이에 대한 예측이지만 앞의 전쟁은 과거사실이고 반대를 가정했다.

정답 : (A)

273

해석: 어제 바쁘지 않았더라면 좋았을 텐데. 그랬다면 당신이 그 문제를 푸는 것을 도와줄 수 있었을 텐데.

해설: I wish 다음에는 과거시제나 과거완료시제의 절이 와서 현사실의 반대나 과거사실의 반대를 바라면서 유감을 표명한다. 어제의 이야기 이므로 과거사실의 반대

정답 : (A)

274
If I had my choice, I _____ be a drummer.
(A) will
(B) may
(C) could have
(D) would

275
If his behavior _____ so badly on his parents, they might have forgiven him more easily.
(A) had not reflected
(B) was not reflected
(C) had been reflected
(D) had not been reflected

276
If you have finished this report, you would not _____ about today's party.
(A) being worried
(B) be worried
(C) have worried
(D) worried

274

해석 내가 만일 스스로 선택한다면 나는 drummer가 될 것이다

해설 if 절의 시제가 과거이므로 주절은 조동사의 과거형 + 동사원형

정답 : (D)

275

해석 만일 그의 행동이 그토록 심하게 부모님들의 체면을 손상시키지 않았더라면 그들은 쉽게 그를 용서했을지도 모른다.

해설 과거사실 반대 가정의 기본구조

정답 : (A)

276

해석 만일 당신이 이 보고서를 완성했다면 당신은 오늘의 파티에 대해 걱정하지 않을 것이다

해설 if 절에 현재 완료시제가 오면 동작의 완료로 해석할 것. 다만 가정법과거의 주절구조인 조동사의 과거형+ 동사원형을 주절에 사용한다

정답 : (B)

277

_____ she ignored her brief vision loss, she could have had serious disease of the eye.

(A) To have
(B) Had
(C) Has
(D) Having

278

_____ it not been for the emergence of a major competitor, the difference in shipping dates would not have been so important.

(A) If
(B) Were
(C) Had
(D) Because

279

_____ someone call me, tell him I'm not at home.

(A) If
(B) Should
(C) Will
(D) Unless

277

해석: 그녀가 가벼운 시력상실을 무시했었더라면 그녀는 심각한 안질환을 겪었을 것이다

해설: 과거사실반대가정에서 if를 생략하면 의문문어순이 되므로 had + S + pp 구조

정답 : (B)

278

해석: 주된 경쟁업체의 등장이 없었더라면 운송기일은 그렇게 중요한 것은 아닐 수도 있었다.

해설: 과거사실 반대 가정에서 if를 생략하고 의문문순서로 도치했다. if it had not been for A ; A 가 없었더라면

정답 : (C)

279

해석: 만에 하나 누군가가 전화를 하면 그에게 말하라 나는 집에 없다고

해설: if + S + should + 동원 : 구조에서 if를 생략하고 의문문 어순 도치

정답 : (B)

280

_____, I would have given her the job.

(A) Had she come in for an interview
(B) Have she come in for an interview
(C) If she come in for an interview
(D) If she would come in for an interview

281

I _____ an extra sweater if I had known the heat was off.

(A) would have brought
(B) could bring
(C) had brought
(D) brought

282

The report <u>would be</u> released last January if new developments
              A

<u>had not</u> made it necessary to revise all conclusion <u>drawn from</u>
  B   C

the first <u>series of</u> experiments.
            D

280

해석 면접을 받기 위해 들어 왔다면 나는 그녀에게 일자리를 주었을 것이다.

해설 if 절에서 if를 생략하면 의문문 구조 도치

정답 : (A)

281

해석 난방이 되지 않는다는 것을 알았더라면 여벌의 스웨터를 가져왔을 것이다.

해설 if 절이 뒤로 있고 동사의 구조가 had pp 이므로 주절은 조동사의 과거형+ have pp

정답 : (A)

282

해석 사태가 새롭게 전개됨에 따라 최초로 행해진 일련의 실험에서 도출된 결론을 모두 수정할 필요가 있었는데 만약 그렇지 않았다면 그 보고서는 이미 지난 1월에 제출되어졌을 것이다.

해설 지난 1월은 이미 과거임을 암시하고 있고 if 절의 시제가 had pp 이므로 주절은 would have pp

정답 : (A)

283

I _____ professor Jones had taught me this equation.

(A) believe
(B) wish
(C) deeply think
(D) am guessing

284

If the United States had built more homes for poor people in 1955, the housing problems now in some parts of this country _____ so serious.

(A) wouldn't be
(B) will not have been
(C) wouldn't have been
(D) would have not been

285

My brother is <u>in</u> California <u>on</u> vacation, but I wish he <u>was</u> here so that
              A   B   C

he could help <u>me repair my car</u>.
                  D

283

해석: Jones 교수께서 나에게 이 방정식을 가르쳐 주셨더라면 좋았을텐데.

해설: 뒤에 과거완료시제가 와 있고 과거의 이루지 못한 사실을 유감표명하는 동사는 wish

정답 : (B)

284

해석: 만약 미국이 1955년에 가난한 사람들을 위하여 더 많은 주택을 지었더라면, 오늘날 미국 일부 지역에서 주택문제가 이렇게 심각하지는 않을 것이다.

해설: 앞은 과거사실의 반대인데 주절은 now 가 있어서 현재사실의 반대를 의미한다 따라서 조동사 + 동사원형

정답 : (A)

285

해석: 내 형은 지금 휴가차 California에 있다. 하지만 그가 여기 있어서 내가 차 수리하는 것을 도와줄 수 있다면 좋겠다.

해설: wish 다음은 가정법 동사를 사용하고 be 동사는 인칭에 관계없이 were

정답 : (C)

286

The origins of the Democratic party <u>is often</u> traced <u>to</u> the coalition
　　　　　　　　　　　　　　　　　 A　　　　　　 B

<u>formed behind</u> Thomas Jefferson in the 1790's to resist the <u>policies</u>
　　 C　　　　　　　　　　　　　　　　　　　　　　　　　　　　　　 D

of George Washington's administration.

287

The United States <u>celebrate</u> the <u>birth</u> of <u>its</u> independence <u>every</u>
　　　　　　　　　　　 A　　　　　　 B　　　 C　　　　　　　　　　 D

Fourth of July.

288

<u>At</u> birth, an infant <u>exhibits</u> a <u>remarkable</u> number of motor <u>response</u>.
 A　　　　　　　　　　 B　　　　　 C　　　　　　　　　　　　　　　 D

286

해석: 민주당의 기원은 George Washington 행정부의 정책에 반대하여 1790년대 Thomas Jefferson의 배후 지원 하에 결성된 연합체로까지 거슬러 올라가곤 한다.

해설: 주어는 The origins of the Democratic party에서 The origins이며, <of the Democratic party>는 후치수식어. 따라서 동사의 수는 주어인 The origins에 맞추어야 한다. is → are로 고칠 것.

정답 : (A)

287

해석: 미국은 매년 7월 4일을 독립기념일로 경축한다.

해설: The United States는 국가명으로, 끝에 s가 붙어있다고 해도, 지구상에 하나 뿐이 국가의 이름이므로 단수 취급한다. 따라서 동사 celebrate 뒤에 s를 붙여주어야 한다.

정답 : (A)

288

해석: 출생 시 유아는 상당히 많은 근육운동 반응들을 보여준다.

해설: <a remarkable number of = 상당히 많은> → 뒤에는 복수 명사가 온다. response → responses로 고칠 것.

정답 : (D)

289
Every chemical have a standard symbol which is found in the
  A   B   C
periodic table of elements.
  D

290
Because they are generally taken simply to obtain a recognizable
                   A   B
and relatively clear image, most nonprofessional photographs
                C
demand few equipment.
       D

291
Mahogany is often considered the finest cabinet wood because
              A   B
they has most of the qualities desired for furniture making.
 C   D

289

해석 모든 화학물질은 원소 주기율표에 나오는 표준 기호를 가지고 있다.

해설 every의 수식을 받는 명사는 단수 취급한다. 따라서 단수주어인 every chemical에 대해, 동사는 has를 사용해야 한다.

정답 : (B)

290

해석 일반적으로 대부분의 비전문적 사진들은 인식이 가능하면서 비교적 깨끗한 화상을 얻기 위해 찍는 것이므로 장비가 거의 필요 없다.

해설 보통 equipment는 셀 수 없는 명사의 범주에 들어가기 때문에, 그 앞에는 few를 사용할 수 없다. 셀 수 없는 명사 앞에는 few 대신 little을 사용한다.

정답 : (D)

291

해석 마호가니는 가구제작에 필요한 대부분의 특질들을 지니고 있기 때문에 흔히 가장 우수한 가구제작용 목재로 간주된다.

해설 두개의 절이 이어질 때, 대명사가 지칭하는 바를 찾아낼 수 있는지 묻는 문제. 이 문장에서 쓰인 대명사 they는 그 지칭대상이 어디에도 없으며, 동사도 단수 주어와 어울리는 has가 왔으므로, they → it로 고쳐야 한다. it는 마호가니를 대신 받는 대명사

정답 : (C)

292

The continental divide refers to an imaginary line in the North

American Rockies that <u>divides</u> <u>the waters</u> flowing <u>into</u> the
　　　　　　　　　　　　　A　　　　　B　　　　　　　　　C

Atlantic Ocean from <u>it</u> flowing into the Pacific.
　　　　　　　　　　　D

293

<u>Researchers</u> at the University of Colorado <u>are investigating</u>
　　A　　　　　　　　　　　　　　　　　　　　　　　　B

a series of indicators that <u>could</u> help <u>themselves</u> to predict
　　　　　　　　　　　　　　　　C　　　　　　D

earthquakes.

294

<u>To say warm</u> in cold weather, cold-blooded animals must
　　A

expose <u>itself</u> to <u>a source of</u> warmth such as <u>direct</u> sunlight.
　　　　　B　　　　　C　　　　　　　　　　　　　　D

292

해석 대륙 분수령은 대서양으로 흘러드는 물줄기들과 태평양으로 흘러드는 물줄기들을 갈라주는 북아메리카 로키 산맥의 가상의 선을 가리킨다.

해설 <divide A from B : B로부터 A를 갈라주다> 의 구조를 적용해 볼 때, <divide **the waters** flowing~~ from **it** flowing~~>가 되며, it는 the waters를 대신 받는 대명사이어야 하는 데, 복수인 the waters를 받으려면 those가 되어야 한다.

정답 : (D)

293

해석 Colorado 대학의 연구진들은 지진을 예측하는데 도움이 될 수 있는 일련의 지표들을 조사하는 중이다.

해설 재귀대명사를 목적어로 쓰는 경우는 그것이 주어와 동일 인물일 때이다. (D)자리에 오는 help의 목적어는 researcher를 가리키고 있는데, 이 때 동사 could help의 주어가 researcher가 아닌 선행사 a series 이므로 재귀대명사는 쓰지 않고 them으로 써야함.

정답 : (D)

294

해석 추운 날씨에 보온을 유지하기 위하여 냉혈동물들은 태양의 직사광선과 같은 열원에 자신들을 노출시켜야만 한다.

해설 재귀대명사 itself가 지칭하는 것은 무야—민이므로 itself가 아닌 복수형의 themselves로 고쳐야 한다.

정답 : (B)

295

In <u>their</u> <u>own</u> way, economics <u>can be</u> just as important as politics
   A   B   C

in <u>determining</u>.
       D

296

The bank <u>was forced</u> to <u>discard</u> more than 50,000 calendars it
            A   B

<u>intended</u> to distribute to customers, after it discovered <u>it was</u>
  C   D

printed with the wrong year.

297

William Penn founded the city of Philadelphia in 1682, and <u>he</u> <u>quickly</u>
                                                                          A   B

grew to be <u>the largest</u> city in <u>colonial</u> America.
             C   D

295

해석 자기 나름대로, 경제학은 무언가를 결정하는데 있어서 정치만큼이나 중요할 수도 있다.

해설 their이 가리키는 것은 주어인 economics이다. 이 때, economics는 형태는 복수명사인 것처럼 보일지라도, <경제학>이라는 학문 이름으로서, 단수 취급한다. their → its 로 고칠 것.

정답 : (A)

296

해석 그 은행은 고객들에게 배포하려고 의도했던 5만부 이상의 달력들을 폐기할 수밖에 없었다. / 그것이(은행이) 잘못된 연도로 그것들(달력들)이 인쇄된 것을 발견 한 후에

해설 (D)의 it가 가리키는 것은 잘못된 연도가 인쇄된 <50,000부 이상의 달력들>이 된다. 따라서 it was 는 they were로 고쳐야 한다.

정답 : (D)

297

해석 William Penn은 1682년에 Philadelphia시를 세웠으며 그 도시는 급속히 성장하여 식민지 시대에 미국에서 가장 큰 도시가 되었다.

해설 he가 가리키고 있는 것은 the city of Philadelphia 이므로, 사람을 지칭하는 he는 사용하지 못한다. he → it로 고칠 것.

정답 : (A)

298

Although <u>he is</u> employed in the scientific and <u>technical</u> fields,
             A   B

the metric <u>system</u> is not generally <u>utilized</u> in the United States.
            C   D

299

A good exercise program <u>helps teach</u> people <u>to avoid</u> the habits that
                              A   B

<u>might</u> shorten <u>the</u> lives.
  C   D

300

<u>The relationship</u> of Latin American music to Black music in the United
      A

States is <u>clearly evident</u> in the unaccented beats that <u>are</u> common
                B   C

to <u>either</u>.
   D

298

해석 미터법은 과학과 기술 분야에서는 이용되고 있지만, 미국에서는 일반적으로 활용되고 있지 않다.

해설 he가 대신하고 있는 명사는 주절의 주어인 the metric system이다. 따라서 사람을 가리키는 he 대신에 it를 사용해야 한다.

정답 : (A)

299

해석 좋은 운동프로그램은 사람들이 그들의 수명을 단축시킬 수도 있는 버릇들을 피하도록 지도하는데 도움을 준다.

해설 여기서 언급하고 있는 <습관>이란 사람들이 피해야 할 대상으로 제시되고 있는데, 이 때, 사람들이 그 습관을 피해야 하는 이유는, 그것이 그들의 삶을 단축시킬 수 있기 때문이다. the lives를 their lives(그들의 삶)이라고 고쳐야 자연스럽다.

정답 : (D)

300

해석 미국에서 라틴 아메리카 음악과 흑인 음악과 관계는 양자에 공통된 악센트를 받지 않는 박자에서 아주 명백히 드러난다.

해설 <악센트를 받지 않는 박자>라는 말 뒤에서 <양쪽에게 공통적인>이라는 수식절이 사용되었는데, 이 때 <양쪽 모두>에 해당하는 말은 either이 아닌 both로 써줘야 한다.

정답 : (D)

301

For a long time cotton ranked first <u>between</u> Alabama's crops, <u>but</u>
　　　　　　　　　　　　　　　　　　 A　　　　　　　　　　　　　 B

today it <u>accounts</u> for only a fraction of the agriculture <u>production</u>.
　　　　　　 C　　　　　　　　　　　　　　　　　　　　　　　　　　　　D

302

One of the most difficult <u>questions</u> <u>in defining</u> sleep <u>is</u> "What <u>is</u> the
　　　　　　　　　　　　　　　 A　　　　　　 B　　　　　　　 C　　　　　　 D

functions of sleep?"

303

Pewter, <u>a metal</u> with an <u>ancient heritage</u>, is <u>still practical</u> medium for
　　　　　 A　　　　　　　　　 B　　　　　　　　　　　 C

the <u>nonprofessional</u> metalworker.
　　　　 D

301

해석: 오랫동안 면화는 Alabama주 여러 농작물 중 첫째로 꼽혔지만, 오늘날에는 농산물 생산의 극히 일부분을 차지하고 있다.

해설: 두 가지 사이를 말할 때는 between을 사용하고, <among+복수명사>는 그 이상의 숫자가 대상이 될 때 사용한다. Alabama's crops라는 것이 정해진 두개를 나타내는 것이 아닌 막연한 복수를 나타내고 있으므로 among으로 써주어야 한다.

정답 : (A)

302

해석: 수면을 정의내리는 데 있어서 가장 어려운 문제 중의 하나는 "수면의 기능들은 무엇인가?" 하는 것이다.

해설: 전체문장의 보어로 쓰이고 있는 " " 안의 문장에서, be동사는 the functions에 수를 맞추어 주어야 하는 데, the functions가 복수임에도 불구하고 is가 쓰였으므로 are로 고쳐야 한다.

정답 : (D)

303

해석: 고대로부터 사용되어 온 금속인 백랍은 아직도 비전문 금속공예인들에게는 실용적인 매체이다.

해설: medium은 media의 단수형이다. 가산명사이며 단수인 medium 앞에 한정사가 빠져있으므로 잘못 되었다. 부정관사 a를 사용하여, still a practical medium으로 고쳐주면 된다.

정답 : (C)

304

The value of gold, like <u>those</u> of any other commodity, <u>results</u> from the
                          A   B

<u>interplay</u> of the forces of supply and <u>demand</u>.
  C   D

305

In <u>his</u> natural state in the <u>living</u> organism, proteins <u>seldom</u> <u>occur</u> as
    A   B   C   D

single, pure substances.

306

Countries <u>tend to</u> specialize in the production and expert of <u>those</u>
              A   B

goods and services that <u>it</u> can produce <u>relatively</u> cheaply.
                          C   D

304

해석 금의 가치는 여타 상품의 가치처럼 공급과 수급력의 상호작용으로 생긴다.

해설 those는 The value를 대신해서 사용되고 있는데, the value가 단수이므로, those를 that으로 고쳐야 한다.

정답 : (A)

305

해석 단백질은 살아있는 유기체 속에서 자연 상태로 있을 때, 단일한 순수 물질로 존재하는 경우가 드물다.

해설 대명사의 소유격 his가 대신하고 있는 명사는 proteins로, 복수형이다. 따라서 his가 아닌 3인칭 복수형 대명사의 소유격인 their 로 고쳐야 한다.

정답 : (A)

306

해석 각국은 상대적으로 싸게 생산할 수 있는 재화와 용역의 생산과 수출을 전문화시키는 경향이 있다.

해설 전체문장의 주어는 Countries이고, that으로 시작하는 관계 대명사절 속의 it는 주어인 countries를 대신하는 대명사이다. it → they로 고칠 것.

정답 : (C)

307

When a <u>severe</u> ankle <u>injury</u> forced <u>herself</u> to give up reporting in 1926,
           A   B   C

Margaret Mitchell <u>began</u> writing her novel Gone with the wind.
                      D

308

It is red <u>blood</u> cells <u>in</u> the bone <u>that</u> <u>produces</u> hemoglobin.
          (A)   (B)   (C)   (D)

309

The chief <u>foods</u> eaten in any country depend <u>largely</u> on <u>what</u>
          (A)   (B)   (C)

grows best in <u>their</u> climate and soil.
              (D)

307

해석: 심한 발목 부상 때문에 1926년에 어쩔 수 없이 기자직을 포기하자 Margaret Mitchell은 소설 <바람과 함께 사라지다>를 쓰기 시작하였다.

해설: when으로 시작되는 시간의 부사절 속에 쓰인 herself가 잘못되었다. 재귀대명사가 목적어로 쓰이면 그 절의 주어와 동일 인물이어야 하는데, herself가 쓰인 절의 주어는 ankle injury 이므로 잘못됨. herself → her로 고칠 것.

정답 : (C)

308

해석: 뼈에 있는 적혈구 세포들이 헤모글로빈을 생산한다.

해설: 관계사절 내의 동사는 선행사의 수와 일치 시켜야 하는데, 선행사는 단수인 the bone이 아니라 in the bone에 의해 후치수식 받는 red blood cells(복수) 이므로, 관계사절 내의 동사를 produces가 아닌 produce로 써야 한다.

정답 : (D)

309

해석: 어떤 나라에서든지 소비되는 주요 음식들은, 주로 그 나라의 기후와 토양에서 무엇이 가장 잘 자라는가에 달려있다.

해설: 명사절 속에 있는 (D)의 their은 any country를 대신하고 있는데, 이는 단수 취급하는 말로서 their을 its로 고쳐야 한다.

정답 : (D)

310

Civilization <u>resulted</u> from the ability <u>of</u> human beings to control
      (A)   (B)
ire, <u>cultivated</u> crops, train animals, and build permanent <u>homes</u>.
     (C)   (D)

311

Maine's <u>abundant</u> forests and rivers <u>have</u> made <u>them</u> a haven
         (A)   (B)   (C)
or many kinds of <u>wildlife</u>.
                    (D)

312

The <u>best known</u> books of Ross McDonald, <u>the</u> writer of detective
     (A)   (B)
novels, <u>features</u> the <u>character</u> Lew Archer, a private detective.
         (C)   (D)

310

해석: 문명은, 불을 다루고, 농작물을 경작하고, 동물을 훈련시키고, 영구적인 집을 짓는 인간의 능력으로부터 생겨났다.

해설: <the ability of A to V = V하는 A의 능력> → 이 구조에서 to 부정사에 해당하는 말이 comma를 통해 열거되고 있다. 단, to부정사가 병렬될 때 to는 생략가능. <to control~, cultivate~, train~, and build> 따라서 cultivated → cultivate로 고칠 것

정답 : (C)

311

해석: Maine 주의 풍부한 숲과 강들은 그 주를 많은 종류의 야생동물을 위한 안식처로 만들어 주었다.

해설: 5형식 구조. (C)는 목적어. 주어가 Maine's abundant forests and rivers인데, 목적어가 them이라면 forests and rivers를 가리키게 되므로, 재귀대명사 themselves를 써야 함. 의미상 (C)에는 <Maine주>를 가리키는 말이 오는 게 적절. them→it으로.

정답 : (C)

312

해석: 탐정소설의 작가인 Ross McDonald의 가장 잘 알려진 책들은 사설 탐정인 등장인물 Lew Archer를 특징적으로 다룬다.

해설: 문장의 동사가 features이다. 뜻은 <~을 특징적으로 다루다> 문장의 주어는 The best known books이며 목적어는 the character. 주어가 복수이므로, 동사 뒤에 s를 붙일 수 없다. features → feature

정답 : (C)

313

Poetry is a type of literature <u>in which</u> the sound and meaning of
(A)
language <u>is</u> combined <u>to create</u> ideas and <u>feelings</u>.
(B)   (C)   (D)

314

Contemporary film directors, some of <u>whom</u> write the scripts <u>for</u>,
(A)   (B)
act in, and even <u>producing</u> their own motion pictures, <u>are</u> thereby
(C)   (D)
assuming ever more control of their art.

315

Although television is the dominant entertainment medium for United States households, Garrison keillor's Saturday night radio show of folk songs and stories _____.

(A) is heard by millions of people
(B) heard by millions of people
(C) is heard millions of people
(D) heard millions of people

313

해석: 시는 한 형태의 문학이고, 그 안에서 언어의 소리와 의미가 결합되어서 아이디어와 감정을 만들어낸다.

해설: 수동태로 사용되고 있는 is combined의 is가 잘못되었다. 동사 is combined의 주어는 the sound and meaning of language 부분에서 the sound and meaning이다. 등위접속사 and도 연결되어 있고 이를 복수로 취급하므로, is → are로 고쳐야 함.

정답 : (B)

314

해석: 현대의 영화와 감독들은 - 그들 중의 일부는 그들 자신의 영화를 위해 대본을 쓰고, 연기도 하고, 또 제작조차도 하는데 - 그래서 그들 예술의 더 많은 주도권을 가지고 있다.

해설: some of whom **write** the scripts for (*), **act** in (*), and even **produce** their own motion pictures. 라는 구조가 맞다. (*)안에는 공통목적어인 their own motion pictures가 생략됨. some of whom은 일반문장에서 and some of them이었던 것을 <and+them→whom>으로 바꾸어 관계사절로 만들어준 것. 예를 들어, <I have many friends, and some of them live in seoul.> → <I have many friends, some of whom live in Seoul.>

정답 : (C)

315

해석: 비록, 미국 가정에서는 TV가 지배적인 오락 매체이지만, Garrison Keillor의 서민들의 노래와 서민들의 이야기에 관한 토요일 밤 라디오 프로그램이 수백만의 사람들에 의해서 청취된다.

해설: 주절의 주어는 Carrison Keillor's Saturday radio show이다. 뒤의 of folk songs and stories는 후치수식어. 라디오 쇼는 사람들에 의해 <청취되는> 것이므로 수동태를 써야 하며, 주어가 단수이므로 be동사는 is(현재형)를 사용해야 한다.

정답 : (A)

316

The growth of colleges <u>and</u> universities <u>in</u> the United States
                          (A)   (B)
<u>have paralleled</u> the growth of <u>the country</u>.
    (C)   (D)

317

The reputation of <u>newspaper</u> reporters is often based on <u>his or her</u>
                   (A)   (B)
ability <u>to ask</u> difficult questions and <u>thereby</u> challenge public figures.
    (C)   (D)

318

Wild elephants <u>almost</u> continuously <u>wave</u> <u>their</u> trunks, both <u>upper</u>
          (A)   (B) (C)   (D)
in their air and down to the ground.

316

해석 미국에서 대학과 대학교들의 성장은 그 나라(미국)의 성장과 평형을 이루어 왔다.

해설 The growth부터 Uited States까지의 부분 중에서 문장의 주어는 The growth다. 따라서 동사인 have paralleled의 수는 단수주어인 The growth에 맞추어 has paralleled로 고쳐야 한다.

정답 : (C)

317

해석 신문기자의 명성은 흔히 공인들에게 어려운 질문을 해서 곤란하게 만드는 그의 능력에 근거를 둔다.

해설 is based on에서 전치사 on의 목적어로 사용된 his or her ability는 newspaper reporters' ability를 가리키는데, 이 때 newspaper reporters를 받는 대명사 소유격은 his or her(단수)가 아닌 their(복수)이어야 한다.

정답 : (B)

318

해석 야생코끼리는 거의 지속적으로 그들의 코를 공중에서 위로 그리고 아래로 땅을 향해 흔든다.

해설 both A and B 관계에서 and 뒤에 연결된 말이 down to the ground(아래로 땅을 향해)이다. 따라서 both 뒤에는 up in the air이 적절하다. upper → up으로 고칠 것.

정답 : (D)

319

_____ 1895 did Cornell University begin to offer a degree in ornithology.

(A) Not until
(B) Not since
(C) Until
(D) In

320

Never again _____ political office after his 1928 defeat for the presidency.

(A) Alfred E. Smith seriously sought
(B) seriously Alfred E. Smith sought
(C) when did Alfred E. Smith seriously seek
(D) did Alfred E. Smith seriously seek

321

Rarely` _____ for more than a few seconds once they enter the Earth's atmosphere.

(A) while meteors blaze
(B) meteors that blaze
(C) do meteors blaze
(D) blaze meteors

319

해석 | 1895년에야 비로소 Cornell 대학은 조류학 학위를 수여하기 시작하였다.

해설 | 주어는 Cornell University, 동사는 begin인데, <did+주어+동사원형>의 의문문 구조로 주어와 동사가 도치되어 있다. 이 문장 빈칸에 Until과 In을 넣어도 도치는 일어나지 않고, Not since는 문맥에 맞지 않는다. 부정부사구 Not until에 의해 도치된 구문.

정답 : (A)

320

해석 | Alfred E. Smith는 1928년 대통령 선거에서 패한 뒤 다시는 공직을 구하려 애쓰지 않았다.

해설 | Never again라는 부정부사구로 시작되고 있으며, 문장은 도치를 일으키게 된다. <주어+동사>가 의문문의 어순으로 알맞게 전환되어 있는 것은 (D)이다.

정답 : (D)

321

해석 | 운석은 일단 지구의 대기권 내로 진입하면 수초 내에 불타버린다.

해설 | rarely(준부정어)가 문두에 위치(도치)한 구문. 따라서 주절의 동사는 주어 앞으로 도치되어야 한다. 이 때, 일반동사 blaze는 앞으로 나갈 수 없고, 대신 do동사를 사용한다.

정답 : (C)

322

_____ on differences in life spans among animal species become adequate for statistical analysis.

(A) Only recently the data have
(B) Only recently have the data
(C) Recently, only the data have
(D) The data have only recently

323

_____ at conveying her underlying message through topical plots and contemporary characters that by 1940 her book had sold some three million copies.

(A) So successful, Grace L. Hill
(B) So successful was Grace L. Hill
(C) Grace L. Hill, so successful
(D) Because Grace L. Hill was so successful

324

Along the rocky shores of New England _____ and tidal marsh.

(A) are where stretches of sandy beach
(B) stretches of sandy beach are there
(C) are stretches of sandy beach
(D) stretches of sandy beach are

322

해석 최근에 와서야 비로소 동물의 종(種)간의 수명차(壽命差)에 관한 자료가 통계분석을 할 만큼 충분해 졌다.

해설 <only+부사+의문문어순>으로 구성되는 문도치 형식. 따라서 조동사 have는 주어인 the data 앞으로 위치한다.

정답 : (B)

323

해석 Grace L. Hill은 시사적인 줄거리와 당대의 등장인물을 통해 자신의 잠재적인 메시지를 전달하는데 대단한 성공을 거두어 1940년경에 그녀의 책은 약 300만권이 팔려 나갔다.

해설 주어, 동사 없이, 단지 <at+동명사구><through+명사구><that절>만이 나와 있다. (B)의 <So successful was Grace L. Hill>는 <Grace L. Hill was so successful>에서 <so+형용사(부사)가 문두로 갈 때 주어, 동사가 의문문어순으로 도치>된 것이다.

정답 : (B)

324

해석 모래 해변과 조습지가 New England의 암석해변을 따라 펼쳐져 있다.

해설 <Along~England = 장소부사구> 그리고 이 문장은 be동사가 <~에 ~가 있다>라는 존재표현으로 사용된 1형식이다. 1형식에서 장소부사구가 문두로 가면 도치가 일어난다. (형식도치라 함) 주어 stretches of sandy beach와 be동사 are가 도치 됨.

정답 : (C)

325

At the far end of a kaleidoscope _____ , one made of clear glass and the other of ground glass.

(A) two plates are
(B) two plates are there
(C) are two plates there
(D) are two plates

326

The magnetic compass does not operate satisfactorily near the magnetic poles, nor _____ near the geographic poles.

(A) does the marine gyrocompass
(B) with the marine gyrocompass
(C) the marine gyrocompass does
(D) the marine gyrocompass operates

327

Not until the 1930's, when the value of sorghum as grain, forage and silage for livestock feeding was recognized _____.

(A) increasing acreage began
(B) its acreage began to increase
(C) did its acreage begin to increase
(D) with the beginning of increased acreage

325

해석 만화경의 맨 끝에는 두개의 판유리가 있는데 하나는 투명유리로, 다른 하나는 불투명 유리로 만들어진 것이다.

해설 1형식에서 장소부사구가 문두에 와서 **<장소부사구+자동사+주어>**순으로 도치된 경우이다. <At the far end of a kaleidoscope = 장소부사구> 따라서, <주어+동사>였던, two plates are가 are two plates로 도치됨.

정답 : (D)

326

해석 자기 나침반은 자기 축 부근에서 제대로 작동하지 못하며 해양 나침반 역시 지축 부근에서는 작동하지 못한다.

해설 <부정접속사+의문문어순>의 도치구문이다. 부정접속사의 nor 뒤에 도치된 것으로 (A)의 does the marine gyrocompass가 적절하다. (C)와 (D)는 정상어순이므로 부적절하고, (B)는 <전치사+명사구>의 부사구일 뿐 빈칸에는 들어갈 수 없다.

정답 : (A)

327

해석 곡물로 또 가축 먹이용 사료와 꼴로 수수의 가치가 인정된 1930년대에야 비로소 수수의 경작 면적이 늘어나기 시작하였다.

해설 <부정부사절+주절의 의문문 어순>의 문도치 구조. 부정부사 Not until로 시작하는 부사절이 was recognized까지 이어져 있으며, 그 뒤에 나오게 될 주절은 의문문 어순으로 도치되어야 한다. 따라서 (C)의 **did** its acreage **begin** to increase가 적절하다.

정답 : (C)

328

Rarely _____ occur without a corresponding physical ailment.

(A) chronic mental fatigue
(B) is chronic mental fatigue
(C) does chronic mental fatigue
(D) chronic mental fatigue does

329

Only in recent years _____ begun to realize that wild dogs, kept within bounds, often do more good than harm.

(A) people have
(B) since people have
(C) have people
(D) people who have

330

_____ in the program's notable events was a charity fundraiser.

(A) One
(B) With
(C) Matched
(D) Included

328

해석 정신적인 만성피로는 항상 이에 상응하는 신체적 병을 동반한다.

해설 rarely가 문두로 도치되어 있다. 따라서 (C)의 의문문어순이 적절하다. (A)와 (D)는 정상어순이므로 부적절하고 (B)는 동사 is가 본동사 occur와 중복되어 동사가 2개 생기게 되므로 불가능.

정답 : (C)

329

해석 최근에야 사람들은 사나운 개를 울타리 안에 가두게 되면 해로움보다는 이로움이 많다는 것을 깨닫기 시작하였다.

해설 <only+부사구+의문문어순>의 도치구문이다. only+부사구가 문두에 쓰여 그 뒤는 의문문 어순으로 도치되어야 한다. (A), (B)는 평서문 어순이므로 부적절. (D)는 선행사+관계사절구조로 부적절하다. people **have** begun → **have** people begun이 적절.

정답 : (C)

330

해석 한 자선 모금행사가 그 프로그램의 주목할만한 행사들 속에 포함되었다.

해설 수동태로 만들어진 구조에서 <pp+be동사+주어>의 도치가 일어난 문장이다. 원래 문장은 A charity fundraiser was included in program's notable events. 이며, 이 때 pp가 문두로 가면서 <**Included** in program's notable events **was** a charity fundraiser>라는 도치구문이 생긴 것이다.

정답 : (D)

331

Along the rocky New England coast <u>are small areas</u> of sand and
                                      (A)
gravel beach, some <u>created</u> from glacial debris, others <u>build</u> up
                        (B)   (C)
<u>by</u> the action of ocean storms.
(D)

332

Only recently _____ separate the components of fragrant substances and to determine their chemical composition.

(A) it has become possible to
(B) has it become possible to
(C) is it become possible and
(D) when it has become possibly

331

해석: 바위가 많은 New England의 해안을 따라서 모래와 자갈로 된 해안 지역들이 있는데 그 중에서 일부는 빙하의 잔재물로부터 만들어졌고 또 다른 것들은 바다 폭풍의 활동에 의해서 만들어졌다.

해설: build → built로 고쳐야 함. <장소부사구+자동사+주어> 구조의 도치구문으로 (A)는 맞는 구조이다. comma 뒤의 <some created~, others built~>는 원래<some were **created**~, (and)others were **built**~>라는 문장을 분사구로 만들어 앞 문장에 연결한 것으로, 이 때 be동사인 were는 모두 사라지고, and 역시 없어져서 문제에 나와 있는 구조가 된다.

정답 : (C)

332

해석: 최근에서야 비로소 향이 나는 물질의 성분을 규명하는 것과 그들의 화학적 구성을 밝혀내는 것이 가능해졌다.

해설: <only+부사구>가 문두에 쓰여 도치가 일어나는 구문.(문도치) it has become possible to~에서 의문문의 어순으로 바꾸기 위해 has가 it 앞으로 나가면, <has it become possible to~>가 된다.

정답 : (B)

333

The history of nursing _____ the history of man.

(A) as old as
(B) is old, also old is
(C) that is as old as
(D) is as old as

334

_____ as 2500 B.C., the Egyptians used mirrors made of highly polished metal.

(A) In early
(B) As early
(C) Early
(D) Was as early

335

All steam engines work for the same reason: steam occupies more than 1,700 times _____ the water from which it comes.

(A) of the space of much of
(B) much of the space
(C) with as much space as
(D) as much space as

333

해석	육아의 역사는 인간의 역사만큼 오래되었다.
해설	원급 비교구문. <~만큼 ~하다>라는 뜻으로, <주어+be동사+as 형용사원급+as~> 의 구조로 사용하며 (D)가 적절하다.

정답 : (D)

334

해석	일찍이 기원전 2500년경에 이집트인들은 고광택 금속으로 만든 거울을 사용하였다.
해설	as many as, as much as, as early as와 같이 <as A as B>는 <B와 같은 정도로 A한>이라는 뜻이 된다. (A)는 전치사의 목적어가 없고, (C)는 Early as 만으로는 어법상 어색하다.

정답 : (B)

335

해석	모든 증기기관은 동일한 이치 즉 증기는 그 증기가 생겨난 물이 점유하는 공간보다 1700배 이상의 공간을 점유함으로써 작동한다.
해설	배수 비교구문으로 < 배수+as much 명사 as>의 구조로 사용한다. 이 때, 밑줄 친 빈칸 앞에 1,700 times라는 배수가 있는 것으로 보아, 빈칸에는 as much 명사 as로 쓰인 것을 찾으면 된다. (D)가 적절. <1,700 times as much space as the water = 물(이 차지하는 공간)보다 1700배 이상의 공간>

정답 : (D)

336

Neptune is about thirty times as far from the Sun _____ .

(A) is the Earth
(B) the Earth is
(C) is as the Earth
(D) as is the Earth

337

The activities of the international marketing researcher are frequently much broader than _____ .

(A) the domestic marketer has
(B) the domestic marketer does
(C) those of the domestic marketer
(D) that which has the domestic marketer

338

_____ in the evolutionary chain, the more it can learn and the less it depends on instinct.

(A) That is the higher animal
(B) Is it the higher animal
(C) The animal is higher
(D) The higher the animal

336

해석 해왕성은 태양으로부터 지구보다 약 30배 먼 거리에 떨어져 있다.

해설 배수비교구문으로 <**배수**+as 원급형용사/부사 as>의 구조로 사용한다. 동사 is가 이미 나와 있으므로 (A)와 (C)는 부적절. (B)는 빈칸 앞의 절과 연결될 수 없는 형태. <Neptune is about 30 times **as** far from the sun **as is the earth**.>의 구조가 적절하다. 이 때, 밑줄 친 부분은 <**as - as 비교구문**>에서 마지막 as 다음에 **주어+be/조동사/do-does-did** 등의 구조가 오면, **의문문어순으로 도치**시킬 수도 있음을 보여준다. (비교급 비교구문에서의 도치는 07번 문제 참고)

정답 : (D)

337

해석 국제 시장 조사요원의 활동은 대개 국내 시장 연구자의 활동보다 훨씬 범위가 넓다.

해설 비교급 비교구문인 이 문장에서 than을 중심으로 **the activities of the international marketing researcher**와 비교 되어야 하는 것은, 국제 시장 조사요원이 아닌 다른 대상물의 the activities이어야 한다. 따라서 than 뒤에는 <**the activities of 다른 대상물**>의 구조이어야 한다. 이 때, 반복되는 the activities는 복수의 대명사 those로 바꾼다.

정답 : (C)

338

해석 진화의 사슬 상 더 높은 곳에 있는 동물일수록 그에 비례해 더 많은 학습을 할 수 있고 본능에 덜 의존한다.

해설 comma 뒤에 있는 <the more it can learn~> 으로 보아 <the 비교급~, the 비교급> 구문인 것을 알 수 있다. <~하면 할수록 그에 비례하여 더욱 ~하다>라는 뜻을 가지므로 비례 비교급 구문이라 한다. (D)의 The higher the animal이 적절.

정답 : (D)

339

Probably no man had more effect on the daily lives of most people in the United States _____ Henry Ford, a pioneer in automobile production.

(A) as was
(B) than was
(C) than did
(D) as did

340

The <u>most easiest</u> process for mining gold is panning, which
      A

<u>involves using</u> a circular <u>dish</u> with a small pocket <u>at the bottom</u>.
    B   C   D

341

No <u>section of</u> the North American colonies was so <u>favored by</u>
      A   B

soil and climate <u>for general</u> farming <u>that</u> the region between the
                           C   D

Hudson and the Potomac rivers.

339

해석 아마 그 누구도 자동차 생산의 선구자였던 Henry Ford 만큼 대다수 미국인들의 일상 생활에 큰 영향력을 행사한 사람은 없었다.

해설 문장 첫 줄에 more이 있는 것으로 보아 비교급 비교구문인 것을 알 수 있다. 원급 비교구문인 (A)와 (D)는 부적절. 빈칸에는 than이 들어가야 하며 그 뒤에 동사+주어순으로 도치가 되어 있다. 이 때, 동사는 앞의 첫 줄의 had를 의미하므로 대동사 did를 써준다. <Probably no man had more effect on~~ than **Henry Ford did**>에서 밑줄 친 부분이 도치된 것임.

정답 : (C)

340

해석 금을 채굴하는 가장 쉬운 공정법은 선광법인데 이 방법은 바닥에 조그마한 주머니가 달린 둥근 접시를 이용하는 것이다.

해설 easy의 최상급은 easiest 이다. The most easiest → 최상급이 이중으로 사용되었으므로 most를 지워야 옳은 문장이 된다.

정답 : (A)

341

해석 북 아메리카 정착지의 어떤 곳도 Hudson 강과 Potomac 강 사이의 지역만큼 일반 농사에 좋은 토양과 기후를 갖춘 지역은 없었다.

해설 <부정어+so+원급형용사/부사+as> = 최상급 표현이라는 것을 알아두자. <A만큼 ~한 것은 없다> 즉, <A가 가장~하다>라는 의미가 된다. 따라서 비교의 대상이 되는 <the region between~> 앞에는 that이 아닌 as가 와야 한다.

정답 : (D)

342

His performance is _____ the best in my department.

(A) into
(B) by far
(C) less
(D) more

343

A $100 deposit must be received at least thirty days _____ the departure date.

(A) prior to
(B) by
(C) due to
(D) until

344

In physics, the greater _____ object's mass, the harder it is to put it into motion.

(A) is an
(B) it is an
(C) an
(D) which is an

342

해석 그의 실적은 나의 부서에서 가히 최고다.

해설 최상급을 강조하는 부사 → <by far+최상급>

정답 : (B)

343

해석 출발일로부터 적어도 30일 이전에 100달러의 예치금이 수령되어져야 한다.

해설 라틴어계 비교급 <prior to = ~보다 전에>가 쓰였다. <~~보다 적어도 30일 이전에>라는 뜻.

정답 : (A)

344

해석 물리학상으로 물체의 질량이 크면 클수록 그것을 움직이는 것이 더욱 어려워진다.

해설 <The+비교급~, the+비교급>구문이다. 이 때, <the greater an object **is**, the harder it is to put it into~>의 구조가 되어야 하는데, 밑줄 친 be동사 is가 생략된 경우이다. 따라서 빈칸에는 부정관사 an만이 들어가게 되는 것이다.

정답 : (C)

345

Although pecans are most plentiful in the southeastern part of the United States, they are found _____ Ohio and Illinois.

(A) far north
(B) north as far
(C) farthest north
(D) as far north as

346

The higher the standard of living and the greater the national wealth, the _____.

(A) greater is the amount of paper is used
(B) greater amount of paper is used
(C) amount of paper is used is greater
(D) greater the amount of paper used

347

The annual worth of Utah's manufacturing is greater than _____.

(A) that of its mining and farming combined
(B) mining and farming combination
(C) that mining and farming combined
(D) of its combination mining and farming

345

| 해석 | 피칸 호두나무는 미국 남동부 지역에 가장 많지만, 멀리 Ohio Illinois의 북쪽에서도 발견된다. |

| 해설 | as far as~ (멀리~까지) 라는 강조의 어구가 들어가는 것이 가장 적절하다. 이 때, 멀리 Ohio와 Illinois의 북쪽멀리까지라는 뜻으로 as far **north** as 가 사용되었다. |

정답 : (D)

346

| 해석 | 생활수준이 높고 국부(國富)가 커지면 커질수록 사용되는 종이의 양도 더 많아진다. |

| 해설 | The higher~ and the greater~, the _____ 와 같은 구조로 이어지는 비례 비교급 구문이다. comma 뒤의 구조는 the+비교급이 사용된다. 또한 comma 앞 부분에서 주어+동사가 생략되었으므로 comma 뒤 역시 병렬구조로 주어+동사를 생략한다. 이 조건에 만족하는 것은 (D)이며, 마지막의 used는 앞에 있는 paper를 후치수식. |

정답 : (D)

347

| 해석 | Utah 주 제조업의 연간 경제 가치는 그 주의 광업과 농업의 연간치를 합한 것보다 더 크다. |

| 해설 | than을 중심으로 the annual worth of **Utah's manufacturing**과 비교가 되어야 하는 것은 <the annual worth of 다른 대상물>이 되어야 한다. 이 때, the annual worth(단수)가 중복 사용되는 것을 피하기 위해 that을 사용한다. 따라서 적절한 것은 (A)이다. |

정답 : (A)

348

It has been calculated that the Earth's circumference around the
   A   B

equator is over forty longer miles than the circumference around the
            C   D

two poles.

349

The elephant relies more on its sense of smell than for any other
                                A   B   C

sense.
 D

350

Mammals have a larger, much well-developed brain than do other
       (A)   (B)   (C)

animals.
 (D)

348

해석 적도를 두르는 지구의 원주는 양극을 두르는 원주보다 40여마일이 더 긴 것으로 계산되고 있다.

해설 <수량형용사+단위의 명사+long = 길이가 ~인>이라는 뜻인데, 이 문장에서는 비교급으로 <~보다 ~만큼 더 긴> 이라는 말이 들어가야 한다. 어순은 forty <u>miles longer</u> than~이 되어야 한다.

정답 : (D)

349

해석 코끼리는 어떤 다른 감각보다도 후각에 더 의존한다.

해설 비교급 비교구문에서 비교 대상은 동일한 것이 되어야 하는데, 이 문장에서 비교되고 있는 대상은 sense of smell 과 any other sense이다. 이 두 가지 모두 rely on의 목적어로 쓰였으므로, **on** its sense of smell 으로, 뒤 역시 **on** any other sense라고 해야 한다. for → on으로 고칠 것.

정답 : (B)

350

해석 포유동물은 다른 동물들보다 더 크고 더 잘 발달된 두뇌를 가지고 있다.

해설 비교급 두개가 열거 되고 있는데 a larg**er**, much well-developed에서 much를 **more**로 고쳐야 한다. much는 비교급 앞에 쓰여 <훨씬>이라는 뜻으로 강조할 때 사용된다. ※참고 : than 뒤의 대동사 do는 앞에 나온 일반동사 have 대신 쓰인 것이다. 비교에 사용하는 접속사 than이나 as 뒤에서, 주어가 대명사가 아니면 <주어+be동사/조동사/do-did-does>를 도치시켜도 된다.

정답 : (B)

351

Aluminum is the most abundant metal in the crust of the Earth, but
  (A)   (B)

the nonmetals oxygen and silicon are still much abundant.
                                    (C)   (D)

352

Although F Scott Fitzgerald has been described as a perpetual
                                      (A)

adolescent, he wrote most maturely about love than any
                     (B)   (C)

other novelist of his era.
   (D)

353

History sometimes effects a kind of reverse perspective in one's perception of the past : _____ the farther away they get.

(A) events appear more significant
(B) the more events appear significant
(C) the events more significant appear
(D) more significant events appear

351

해석: 알루미늄은 지각에서 가장 흔한 금속이지만, 비금속인 산소와 실리콘이 훨씬 더 풍부하다.

해설: 알루미늄에 최상급을 써서 <가장 흔하다>라고 말한 뒤, 비교급을 강조하는 still을 써서 산소와 실리콘이 <훨씬 더 풍부하다>라는 말을 하고 있다. much는 still과 같이 비교급 강조를 할 때 사용되며, 이 문장에서 still 다음에는 비교급인 more abundant가 와야 적절하다.

정답 : (D)

352

해석: 비록 F Scott Fitzerald가 영원한 청년으로 묘사되고 있지만 그는 사랑에 대해 그의 시대의 어떤 소설가보다도 더 성숙한 글을 썼다.

해설: <비교급 형용사/부사 + than any other + 단수명사> = <다른 ~보다 더 ~한(하게)>라는 뜻이며, 형태상으로는 비교급으로 보이지만 의미상으로 최상급과 같은 표현이다. 이 때, 최상급 형용사나 부사를 사용해서는 안된다. most → more로 고칠 것.

정답 : (C)

353

해석: 역사는 때때로 과거에 대한 어떤 사람의 인식에 있어서 일종의 반대적인 관점을 발생시키기도 한다. : 그것(사건)들이 더욱 더 멀어져 갈수록, 그 사건들은 더욱 중요해 보인다.

해설: <~할수록 더욱 ~하다>라는 뜻을 가진, <The 비교급+S+V, the 비교급+S+V>를 변형시켜서 <events appear more significant / the farther away they get>라는 구조로 사용한 것이다. 이 때 <The 비교급~, the 비교급>구문과는 달리 **뒤에서부터 해석**이 된다. → 그것(사건)들이 더욱 멀어져 갈수록, 사건들은 더욱 중요해 보인다.

정답 : (A)

354

Helium is _____ to liquefy and is impossible to solidify at normal air pressure.

(A) the most of all gases difficult
(B) the most difficult of all gases
(C) more difficult of all gases
(D) most difficult in all gases

355

This presentation will demonstrate how Metron computers are superior _____ those of our competitors in terms of both features and speed.

(A) from
(B) than
(C) to
(D) as

354

해석: 헬륨은 모든 기체 중에서 액화시키기 가장 어렵고, 정상 기압 하에서는 고체화하기가 불가능하다.

해설: <Helium is difficult to liquefy. + Helium is impossible to solidify at normal air pressure = Helium is difficult to liquefy and is impossible to solidify~> 이 때, <모든 기체 중에서 헬륨이 가장 ~하다>라는 의미를 갖게 하기 위해, Helium is **the most** difficult **of all gases** to liquefy and~> 의 구조가 된 것이다. <최상급+of all 복수명사>

정답 : (B)

355

해석: 이 프레젠테이션은, 어떻게 Metron컴퓨터들이 우리의 경쟁자들의 그것들(컴퓨터들)보다 기능과 속도 양쪽 모두의 관점에서 우수한지를 증명할 것입니다.

해설: superior, inferior, prior 등의 비교급에는 전치사 to가 사용된다.
<superior to~ : ~보다 우수한>

정답 : (C)

356

Encyclopedias may be used to answer questions, to solve problems,
(A)   (B)
or to obtain informations on a particular topic.
              (C)   (D)

357

The owl can rotate its head in an almost completely circle.
(A)   (B)   (C)   (D)

358

To survive, most of birds must eat at least half their own weight
(A)   (B)   (C)   (D)
in food everyday.

356

해석 백과사전은, 질문에 대답하기 위해서, 문제를 해결하기 위해서, 또는 어떤 특정 주제에 관한 정보를 얻기 위해서 사용될 구 있다.

해설 information, furniture, equipment, mail 등의 명사는 s를 붙여 복수형으로 사용하지 않는다. informations → information으로 고칠 것.

정답 : (C)

357

해석 올빼미는 그 머리를 거의 완전한 원의 모양으로(360도) 회전할 수 있다.

해설 <an almost completely circle : 거의 완전한 원형>의 의미로 사용되고 있는데, 맨 뒤의 circle을 수식하는 말로 앞에 부사가 2개가 있지만, 부사는 명사 수식이 불가능하다. completely → complete로 고쳐서 complete가 circle을 꾸미게 해야 한다.

정답 : (D)

358

해석 생존하기 위해서 대부분의 새들은 매일 최소한 그들의 몸무게의 반 정도의 무게의 반 정도 무게의 음식을 먹어야 한다.

해설 most를 사용하여 <most birds> 그리고 <most of the birds>라고 표현할 수 있다. <most birds>는 <대부분의 새들>을 의미하며, <most of the birds>는 이미 언급한 특정 그룹의 새들 중에서 대부분을 의미한다. 여기서는 most birds가 적절하다.

정답 : (B)

359

Because some critics considered it decadent, subversive, and
(A)
incomprehensible, abstractive art encountered much opposition in
                  (B)   (C)   (D)
its early years.

360

Ponds are noted for their rich and varied types of plant and animal
                 (A)
life, all maintained in a delicately ecological balance.
(B)   (C)   (D)

361

Electric lamps _____ during the early 1900's and have replaced other types of fat, gas, or oil lamps for almost every purpose.

(A) came into widespread use
(B) were came to widespread use
(C) came to use widespreadly
(D) have come into being used widespread

359

해석 어떤 비평가들이 그것을 부패하고, 파괴적이며, 난해하다고 간주했기 때문에, 추상예술은 그 초창기에 많은 반대에 직면했다.

해설 주절의 주어로 사용된 abstractive art는 추상예술을 뜻하는 abstract art로 고치는 것이 적절하다. 참고로 Because가 이끄는 부사절은 <consider+목+목보>의 5형식.

정답 : (B)

360

해석 연못들은 그것들의 풍부하고 다양한 형태의 동식물로서 주목받는데, 그 모두는 미세한 생태학적 균형을 이루면서 유지된다.

해설 a delicately ecological balance 라는 구조는 부사인 delicately가 형용사 ecological을 수식하는데, <미세하게 생태학적인>이라는 말이 되므로 어색하다. <delicate + ecological balance = 미세한 생태학적 균형> 이라고 해야 자연스럽다.

정답 : (D)

361

해석 전기 램프는 1900년대 초에 널리 사용하게 되었고, 거의 모든 목적을 위해서, 다른 형태의 지방질이나 가스나 기름등을 사용한 램프들을 대치해왔다.

해설 주어는 Electric lamps이며 빈칸에는 동사가 들어간다. 뒤에는 and로 연결되어 다시 동사가 등장한다. 이 때, 빈칸 안에는 <(사람들에 의해)사용되게 되다>라는 뜻의 come into use를 사용하는 것이 적절.

정답 : (A)

362

Computers that once <u>took up</u> entire rooms are now <u>enough small</u> to
                        (A)   (B)
<u>put on</u> desktops and <u>into</u> wristwatches.
  (C)   (D)

363

<u>Of all</u> the <u>economical</u> important plants, palms <u>have</u> been <u>the least</u>
  (A)   (B)   (C)   (D)
studied.

364

Most amphibians <u>hatch</u> from eggs <u>lain</u> in water or <u>moist</u> ground, and
                  (A)   (B)   (C)
begin life <u>as</u> water-dwelling larvae.
           (D)

362

해석 전에 방 전체를 차지했던 컴퓨터들이 지금은 책상 위에 또는 시계 속에 넣을 정도로 충분히 작다.

해설 enough가 명사를 수식할 때는, <enough+명사>의 순서이지만, 형용사나 부사와 쓰일 때에는 <형용사, 부사+enough>의 순서로 사용되므로 주의.

정답 : (B)

363

해석 경제적으로 중요한 모든 식물 중에서 야자수가 가장 적게 연구되어왔다.

해설 <economical important plants = 경제적인 식물+중요한 식물=경제적인 중요한 식물> → 내용상 어색하다. 어떻게 중요한가를 알려주기 위해 <economically important plants = 경제적으로 중요한 식물>이라고 써 주는 것이 자연스럽다.

정답 : (B)

364

해석 대부분의 양서류는 물이나 습한 땅에 낳아진 알로부터 부화하고 물에 거주하는 유충으로서 삶을 시작한다.

해설 lain in water or moist ground 는 앞의 eggs를 후치수식하는 과거분사 후치수식 구조이다. 의미상 <물이나 습지에 낳아지는 알>이 되어야 하는데, lain은 lie(눕다, 위치해 있다)라는 뜻의 과거분사. <알을 낳다>라는 뜻의 동사 lay의 과거분사는 laid이다.

정답 : (B)

365

Ideally, <u>a phonetic</u> alphabet should represent <u>each</u> separate sound
              (A)   (B)
by a separate symbol, but <u>this</u> end is <u>most</u> never attained.
                         (C)   (D)

366

<u>Above</u> sixty percent <u>of</u> the workers <u>in</u> Haverhill, Massachusetts,
 (A)   (B)   (C)
are employed <u>in</u> the leather and shoe industry.
            (D)

367

People usually wear <u>clothing</u> <u>because of</u> two <u>basic</u> purposes –
                      (A)   (B)   (C)
<u>warmth</u> and decoration.
 (D)

365

해석 이상적으로 생각하면, 음운적인 알파벳은 개개의 심벌로써 개개의 독립된 소리를 대표하는 것이 당연하지만, 이 목적은 거의 결코 성취되지 않는다.

해설 is most never attained에서 most가 수식할 수 있는 말이 없다. most는 부사로 사용될 때, 형용사 최상급 표현에서 <가장, 제일>이라는 뜻을 가지지만 이 문장에서는 never를 수식할 <거의>라는 뜻의 부사가 필요하다. most → almost로 고칠 것.

정답 : (D)

366

해석 Massachusetts 주 Haverhill 에 있는 60% 이상의 근로자들이 가죽 및 구두 산업에 고용되고 있다.

해설 over+숫자 = ~이 넘는, 상회하는 / about+숫자 = 대략 ~정도의

정답 : (A)

367

해석 사람들은 주로 두 가지의 기본적인 목적(즉 따뜻함과 장식)을 위해서 옷을 입는다.

해설 <두 가지의 기본적인 목적 때문에(그것이 원인이 되어) 옷을 입는다>는 것은 어색하다. <두 가지 기본적인 목적을 위해서>라는 뜻으로 쓰려면 전치사 for가 적절하다.

정답 : (B)

368

Leaves of Grass, _____, initially consisted of twelve poems written without regular meter or rhyme.

(A) first Walt Whitman's published volume of poetry
(B) Walt Whitman published volume of poetry first
(C) Walt Whitman's first published volume of poetry
(D) which Walt Whitman's first published volume of poetry

369

The Mojave desert in California, a once part of an ancient interior
                         (A)   (B)   (C)
sea, was formed by volcanic action.
                 (D)

370

The typewriter _____.

(A) was laying on the table, where it had laid all week
(B) was lying on the table, where it had laid all week
(C) was laying on the table, where it had been laid all week
(D) was lying on the table, where it had been laid all week

368

해석: Walt Whitman의 첫 번째로 출판된 시집인 Leaves of Grass는 원래 규칙적인 운율이나 압운법이 없이 쓰여진 12개의 시들로써 구성되었다.

해설: Leaves of grass와 동격을 이루는 말이 필요. <Whitman의 첫 번째로 출판된 시집>이라는 뜻으로 (C)가 적절. (B)는 독립된 문장. (D)는 관계사절 구조인데 동사가 없다.

정답 : (C)

369

해석: 전에 고대의 내부에 있는 바다의 일부였던, 캘리포니아의 모하비 사막은 화산활동에 의해서 형성되었다.

해설: <한 때 ~이었던>이라는 뜻으로 once가 쓰이며, <한 때 ~의 일부였던>을 나타낼 때, a once라는 어순은 어색. once+a part of 가 적절한 구조.

정답 : (B)

370

해석: 그 타자수는 테이블 위에 누워 있었는데 그 테이블은 그 주 내내 거기에 놓여 있었다.

해설: lay는 타동사로 목적어가 필요하므로 (A)와 (C)는 잘못됨. (B)와 (C)에서 it는 the table을 지칭한다. laid는 타동사 lay(놓다)의 과거분사로, table을 나타내는 주어 it가 왔을 때에는 수동의 구조로 써야한다. 과거완료 수동태인 (D)가 적절.

정답 : (D)

371

"What do you need?" "Could you _____ me ten dollars?"

(A) borrow
(B) borrowing
(C) lend
(D) lending

372

The Emancipation Proclamation was a <u>historically</u> document that
                                         (A)

<u>led to</u> <u>the end</u> of <u>slavery</u> in the United States.
 (B)   (C)   (D)

373

<u>On November</u> 1860, the Pony Express <u>carried</u> news of President
   (A)   (B)

Abraham Lincoln's <u>election</u> from Fort Kearny, Nebraska, <u>to</u> Fort
                    (C)   (D)

Churchill, Nevada.

371

해석: "무엇이 필요하십니까?" "저에게 10달러만 빌려주실 수 있겠습니까?"

해설: 우선 조동사 could가 있으므로, 빈칸에는 동사원형이 들어간다. 그리고 의미상 <10달러를 나에게 빌려줄 수 있습니까?>가 되므로, <빌려주다>라는 뜻의 lend가 들어가야 한다.

정답 : (C)

372

해석: 노예 해방 선언은 미국에서 노예제도의 폐지를 이끌어낸 역사적인 문서였다.

해설: a historically document를 보면, 부정관사 뒤에서 document라는 명사를 꾸미는 말로 부사는 올 수 없다. 형용사를 써야 하는데, <historic = 역사적상 유명한>과 <historical = 역사적인, 역사적 사실에 의거한> 중에 의미상 historical이 적절하다.

정답 : (A)

373

해석: 1860년 11월에 조랑말 속달우편이 Kearny 요새로부터 Nevada주의 Churchill 요새에 이르기까지 Abraham Lincoln 대통령의 당선 소식을 전해 주었다.

해설: 월, 계절, 연도 앞에는 in을 쓴다. On November → In November로 고칠 것.

정답 : (A)

374

Until quite <u>recent</u>, the notion of philosophy encompassed <u>all of what</u>
　　　　　　(A)　　　　　　　　　　　　　　　　　　　　　　(B)
is now included <u>in the realm</u> of knowledge and <u>reason</u>.
　　(C)　　　　　　　　　　　　　　　　　　　　(D)

375

Research <u>has indicated</u> that <u>nearest</u> seventy percent of an individual's
　　　　　(A)　　　　　　　　　(B)
communication with others is <u>carried out</u> on a nonverbal <u>level</u>.
　　　　　　　　　　　　　　　　(C)　　　　　　　　　　　　　(D)

376

Unlike <u>another</u> blood cells, white cells <u>have</u> a nucleus that enables
　　　　(A)　　　　　　　　　　　　　　　　(B)
<u>them</u> <u>to divide</u> and reproduce.
　(C)　　(D)

374

해석: 상당히 최근까지만 해도 철학의 개념은 현재 지식과 이성의 영역에 포함되어 있는 모든 것을 포괄하였다.

해설: recent는 형용사로 피수식어가 있어야 함. <매우 최근까지>의 뜻으로 Until quite recently라는 말을 사용하는 것이 적절하다. until은 부사도 목적어로 쓸 수 있다.

정답 : (A)

375

해석: 연구에 따르면 한 사람이 다른 사람과 나누는 의사소통의 거의 70%가 비언어적인 수준에서 이루어진다고 한다.

해설: 의미상 (B)에는 <거의>를 뜻하는 말이 와야 자연스러운데, 형용사 near의 최상급인 nearest는 올 수 없다. <거의>를 뜻하는 말에는 nearly, almost 등이 있다.

정답 : (B)

376

해석: 다른 혈구와는 달리, 백혈구는 그것들(백혈구)을 분열시켜 번식을 가능하게 하는 핵을 가지고 있다.

해설: <다른 혈구들>이라는 말은 white cell을 기준으로 그 밖의 다른 것들을 의미하므로, the other로 써야 한다. another은 이미 하나를 언급하고, 나머지 여러 개 중에 하나를 지칭할 때 쓴다.

정답 : (A)

377

Acute <u>hearing</u> assists most animals in sensing the <u>approach</u> of
      (A)   (B)
earthquakes <u>along</u> before people <u>do</u>.
              (C)   (D)

378

<u>An</u> opera combines the <u>excitement</u> of <u>drama</u> and spectacle <u>to</u> the
(A)   (B)   (C)   (D)
power of music.

379

<u>Historians</u> have never reached <u>some general</u> agreement <u>about</u> the
   (A)   (B)   (C)
precise causes of the Civil War in <u>the</u> United States.
                                          (D)

377

해석 예리한 청각 덕분에 대부분의 동물들은 사람들보다 훨씬 전에 지진이 임박했음을 감지해낸다.

해설 <along = ~을 따라서>라는 뜻이고, <~하기 오래 전에>라는 뜻을 가지는 말은 <long before>이다.

정답 : (C)

378

해석 오페라는 극의 흥미진진함과 볼거리를 음악의 힘과 결합시킨 것이다.

해설 <combine A with B = A와 B를 결합시키다> to → with로 고칠 것.

정답 : (D)

379

해석 역사가들은 남북전쟁의 정확한 원인에 대하여 어떤 전반적인 합의에 이른 적이 없었다.

해설 일반적으로 some은 긍정문에서, any는 부정문, 의문문, 조건문에서 사용된다. 긍정문의 <any+단수가산명사> = <어떠한 ~이라도> 라는 뜻이 된다. 이 문장에서는 never가 쓰인 부정문으로 any를 사용하는 것이 적절.

정답 : (B)

380

The field of dynamics in physics <u>in concerned</u> with a particle's <u>motion</u> in <u>relation</u> to the forces <u>acting it</u>.

381

Dr. Mary McLeod Bethune, the <u>founder</u> of Bethune-Cookman College,
                                          (A)
<u>served</u> as <u>advice</u> to <u>both</u> Franklin Delano Roosevelt and Harry Truman.
 (B)   (C)   (D)

382

The giraffe is one of the <u>least</u> leaf-eating <u>mammals</u> that <u>cannot</u>
                         (A)   (B)   (C)
<u>swim</u> at all.
 (D)

380

해석 물리학에서 역학 분야는 그것(소립자)을 움직이게 하는 힘과 관련된 소립자 운동을 다루는 것이다.

해설 <act = 활동하다> <activate = 활성화시키다, 움직이게 하다> 의미상 forces(힘)는 it(소립자)를 움직이게 하는 주체다. 따라서 acting → activating으로 고쳐야 한다.

정답 : (D)

381

해석 Bethune-Cookman 대학의 창설자인 Mary McLeod Bethune 박사는 Franklin Delano Roosevelt와 Harry Truman 대통령의 고문으로 일했었다.

해설 <serve as + 명사 = ~로서 일하다> 의 뜻이 된다. advice는 명사이긴 하지만, 주어인 Dr. Mary McLeod Bethune이 어떤 직위, 어떤 존재로서 일을 했는가를 나타내기에는 어색한 단어이다. advice → advisor<고문, 충고자>로 고쳐야 자연스럽다.

정답 : (C)

382

해석 기린은 최후로 남은 전혀 헤엄을 칠 줄 모르는 초식포유동물 가운데 하나이다.

해설 <little-less-least>의 least는 <가장 적은, 최소의>라는 뜻이다. 의미상 <최후의, 마지막 남은>이라는 말이 들어가야 자연스러우므로, least → last로 고친다.

정답 : (A)

383

Prolonged _____ to moisture can adversely affect the proper functioning of this audio unit.

(A) enclosure
(B) exposure
(C) exclusion

384

Last year, requisition orders for children's clothes increased more than orders for all other types of _____.

(A) apparel
(B) appearances
(C) apparatus
(D) appliances

385

Check _____ that information on the bill and the receipt match exactly before submitting your records.

(A) care
(B) careful
(C) carefully
(D) carefulness

383

해석 | 습기에 대한 장기화된 노출은, 이 오디오 기기의 올바른 작동에 안 좋게 영향을 줄 수 있다.

해설 | 철자가 비슷하지만 서로 다른 뜻의 단어에 유의. <enclosure = 동봉된 것, 둘러쌈> <exclusion = 제외> <exertion = 노력>

정답 : (B)

384

해석 | 작년에는 아동복에 대한 주문 건수가 다른 모든 종류의 의류 주문 건수보다 많아졌다.

해설 | 의복과 관련된 어휘로 apparel이 적절하다. <apparatus = 기계, 장비> <appliance = 기구, 전기제품>

정답 : (A)

385

해석 | 기록 문서들을 제출하기 전에 청구서와 영수증에 나와 있는 정보가 정확히 일치하는지를 주의 깊게 체크해라.

해설 | 동사를 꾸며주는 것은 부사가 담당한다.

정답 : (C)

386

Even when two parties seem radically opposed to one _____, an effective negotiator can help find common ground.

(A) other
(B) the other
(C) another
(D) others

387

<u>While</u> he worked as a <u>travel agency</u>, Mr. Nakamura specialized
  (A)   (B)

<u>in arranging</u> tours of <u>the Middle East</u>.
    (C)   (D)

388

The firm is not liable for damage resulting from circumstances _____ its control.

(A) beyond
(B) above
(C) inside
(D) around

386

해석 두 당사자가 서로 심하게 대립하는 것 같은 경우에도, 유능한 중재자는 공통된 바탕(일치점)을 찾는데 도움을 줄 수 있다.

해설 양자간의 관계를 나타낼 때에는, 단 두 사람 사이는 each other를 사용하고, 셋 이상 여러 존재 중에 "양자간, 서로"를 나타낼 때에는 one another를 주로 사용한다.

정답 : (C)

387

해석 그가(나카무라) 여행사 직원으로 일하는 동안, 나카무라씨는 중동지역의 관광을 기획(담당)하는 것을 전문으로 했다.

해설 Agency는 대리점이라는 뜻으로, Mr. Nakamura라는 사람을 나타내기 위해서는 Travel agent(여행사 대리인)로 고쳐야 한다.

정답 : (B)

388

해석 회사는 그것(회사)의 통제(의 한계)를 벗어난 상황으로 인해 발생한 피해에 대해서 책임을 지지 않는다.

해설 정도(한계)를 벗어난 상황은 전치사 beyond를 사용하여 나타낸다.

정답 : (A)

389

On international shipments, all duties and taxes are paid by the _____.

(A) recipient
(B) receiving
(C) receipt
(D) receptive

390

At our company meeting the marketing analyst reported that we have
(A)   (B)
too much sales representatives in Europe these days.
    (C)   (D)

391

The shopping mall was very crowded, but _____ people actually bought anything.

(A) few
(B) any
(C) none
(D) plenty

389

해석: 국제간 운송에서 모든 관세와 세금은 수령인에 의해 지불된다.

해설: 수동태구조가 be paid by the _____ 로 이어지고 있는데, 이 때 빈 칸에는 "물건을 받는 사람"이 와야 하므로, (A)가 적절하다. 품사로만 보면, 정관사 the가 앞에 있으므로 명사인 receipt도 올 수는 있으나, 의미상 부적절하다.

정답 : (A)

390

해석: 우리 회사의 회의시간에 마케팅 분석가가 우리는 요즘 유럽에 너무 많은 영업대리점을 두고 있다고 보고했다.

해설: much는 뒤에 셀 수 없는 명사의 양이 많다는 것을 나타낼 때 쓰는데, sales representatives는 가산 명사이므로 many로 고쳐야 한다.

정답 : (C)

391

해석: 쇼핑몰은 매우 붐볐지만, 실제로 무언가를 산 사람은 거의 없었다.

해설: None은 None people이라고 쓸 수 없고, None 뒤에 of가 있어야 한다. 문맥상 붐비기는 했어도 사는 사람은 거의 없다는 뜻의 few를 써야 한다.

정답 : (A)

392

I am quite interested in joining your firm and would _____ the opportunity to have an interview with you in the future.

(A) admire
(B) thank
(C) welcome
(D) appraise

393

_____, domestic companies are importing the digital components needed in their products.

(A) Extremely
(B) Consecutively
(C) Highly
(D) Increasingly

394

Ms. Jacobs in Personnel can be relied <u>upon</u> to provide <u>an excellent</u>
                                        (A)   (B)
advice <u>on how</u> to conduct interviews with job <u>applicants</u>.
      (C)   (D)

392

해석: 저는 당신의 회사에 참여하는 것에 매우 관심이 있으며, 향후 당신과 인터뷰를 할 기회를 환영할 것입니다.

해설: Thank는 뒤에 나오는 존재에게 고맙다는 의미이고, 자신이 무언가를 환영한다는 의미로 쓸 때에는 welcome을 사용한다. 따라서 <welcome the opportunity = 기회를 환영하다> 와 같이 사용하는 것이 적절하다.

정답 : (C)

393

해석: 점점 더, 국내 기업들은 그들의 상품에 필요한 디지털 부속품을 수입하고 있다.

해설: (A)와 (C)의 extremely, highly는 형용사 앞에서 형용사를 꾸미는 방식으로 자주 쓰이고, 문장 맨 앞에서 단독적으로 쓰일 수 있는 것으로 Increasingly가 적당하다.

정답 : (D)

394

해석: 인사부의 Jacob씨는, 입사지원자들과 어떻게 면접을 수행해야 하는지에 대한 훌륭한 조언을 제공하는 데에 의존될 수 있다. (훌륭한 조언을 해 줄 수 있을 것이다.)

해설: 명사 advice는 셀 수 없는 명사로, 부정관사 an이 앞에 오지 않고, 그 대신 a piece of를 사용할 수 있다.

정답 : (B)

395

The president of the corporation has _____ arrived in Copenhagen and will meet with the Minister of Trade on Monday morning.

(A) still
(B) yet
(C) already
(D) soon

396

Executives of small companies earn _____ salaries on the west coast than on the east coast.

(A) more
(B) taller
(C) richer
(D) higher

397

Quarterly earnings are _____ reported to the shareholders.

(A) ever
(B) rare
(C) seldom
(D) unusually

395

해석 그 (주식)회사의 사장은 이미 코펜하겐에 도착했으며, 월요일 아침에 무역부 장관과 만날 것이다.(회담을 가질 것이다.)

해설 현재 완료 has arrived 가 쓰였으므로, 괄호 안에는 <이미>라는 말이 들어가는 것이 적절하다.

정답 : (C)

396

해석 동부 해안보다는 서부 해안 지역의 작은 회사 간부들이 더 높은 급여를 받는다.

해설 월급을 나타내는 salary는 little, much가 아닌 <small, high> 와 함께 사용한다.

정답 : (D)

397

해석 분기별 수익은 주주들에게 거의 보고 되지 않는다.

해설 수동태인 are reported 의 두 단어 사이에 분사 reported를 꾸며 줄 부사를 넣는 문제. 부사가 아닌 (B)는 우선 제외하고, 의미상 seldom이 적절하다.

정답 : (C)

398

To vacation at that mountain resort, you must make reservations two to three months _____.

(A) first
(B) beforehand
(C) advanced
(D) forward

399

<u>Almost</u> students were able <u>to find</u> <u>good</u> jobs three to six months
  (A)   (B)   (C)

<u>after graduation</u>.
     (D)

400

The participants were _____ from China.

(A) most
(B) almost
(C) mostly
(D) much

398

해석 그 산악 휴양지에서 휴가를 보내기 위해, 당신은 2~3개월 전에 예약을 해야 한다.

해설 2~3개월이라는 기간을 나타내는 말이 나왔으므로, <사전에, 미리 앞서>라는 말이 와야 한다. advanced=진보한, 상급의 / forward=앞으로, 전방의

정답 : (B)

399

해석 대다수의 학생들이 졸업 후 3~6개월에 좋은 직장들을 찾을 수 있었다.

해설 almost가 부사라는 점을 잘 알아 둘 것. almost는 <거의>라는 뜻의 부사이므로, 명사인 students를 수식하는 역할을 하지 못한다. Almost all students 혹은 most students와 같이 명사 바로 앞에서 수식하는 말이 형용사가 되도록 고칠 것.

정답 : (A)

400

해석 참가자들은 대부분 중국으로부터 왔다.

해설 빈칸에, be from을 꾸며줄, < 대부분 > 이라는 뜻의 부사가 들어가야 하는데, most는 부사가 아니며, almost는 동사 뒤에서 almost from 의 형태로 쓰지 못하므로, mostly가 적절.

정답 : (C)

어법 400제

저자 김정호
기획 및 책임 편집 이도경
표지 디자인 박수빈
감수 N.Buchan
제작 (주) 바른영어사
인쇄처 도서출판.필커뮤니케이션

발행인 (주) 바른영어사
발행처 (주) 바른영어사 출판사업부
등록번호 제2013-000146호
주소 경기도 용인시 수지구 죽전로 150, 단대프라자3, 403-2호
대표전화 (02) 817-8088 | 팩스 (02) 813-0501
홈페이지 www.properenglish.co.kr

이 책의 내용에 대한 무단 전재 또는 복제행위는 저작권법 제 97조의 5에 의거, 5년 이하의 징역 또는 5,000만원의 벌금에 처하거나 이를 병과할 수 있습니다.

국립중앙도서관 출판시도서목록(CIP)

(상위 1%를 만드는) 어법 400제 / 저자: 김정호. -- 서울
: 바른영어사 출판사업부, 2013
   p. ;   cm

감수: N. Buchan
본문은 한국어, 영어가 혼합수록됨
ISBN 979-11-950937-8-6 13740 : ₩18000

영어(언어)[英語]

740-KDC5
420-DDC21   CIP2013025488